L'humour

Réginald
29/2/92

QUE SAIS-JE ?

L'humour

ROBERT ESCARPIT
Professeur émérite à l'Université de Bordeaux III

Neuvième édition corrigée

72e mille

Les dessins d'Osbert Lancaster, Ronald Searle, Luis del Olmo et Jean Effel sont reproduits avec la gracieuse autorisation de leurs auteurs.

DU MÊME AUTEUR

Historia de la Literatura Francesa, México, Fondo de Cultura Económica, 1948.

De quoi vivait Byron ?, Paris, Deux-Rives, 1951.

Précis d'histoire de la littérature anglaise, Paris, Hachette, 1953.

L'Angleterre dans l'œuvre de Mme de Staël, Paris, Didier, 1954.

Guide anglais (avec J. Dulck), Paris, Hachette, 1954 (éd. anglaise *Meet Britain*, 1957).

Rudyard Kipling, Paris, Hachette, 1955.

Lord Byron, un tempérament littéraire, Paris, Le Cercle du Livre, 1957.

Contracorrientes mexicanas, México, Antigua Libreria Robredo, 1957.

Sociologie de la littérature, Paris, P.U.F. (« Que sais-je ? », n° 777), 1958.

Guide hispanique (avec F. Bergès et G. Larrieu), Paris, Hachette, 1959.

Ecole laïque, école du peuple, Paris, Calmann-Lévy, 1961.

Hemingway, Bruxelles, Renaissance du Livre, 1964.

La Révolution du Livre, Paris, P.U.F., 1965.

Le littéraire et le social (collectif), Paris, Flammarion, 1970.

La faim de lire (avec R. E. Barker), Paris, P.U.F., 1973.

L'écrit et la communication, Paris, P.U.F. (« Que sais-je ? », n° 1516), 1973.

Théorie générale de l'information et de la communication, Paris, Hachette, 1976.

Théorie de l'information et pratique politique, Paris, Le Seuil, 1981.

ISBN 2 13 043802 4

Dépôt légal — 1re édition : 1960
9e édition corrigée : 1991, mars

108, boulevard Saint-Germain, 75006 Paris

INTRODUCTION

L'IMPOSSIBLE DÉFINITION

I. — Pourquoi nous ne pouvons définir l'humour

« Pourquoi nous ne pouvons définir l'humour », tel est le titre d'un article que publiait, en 1906, un jeune professeur de littérature anglaise, Louis Cazamian, dans la *Revue germanique*, titre paradoxalement pessimiste, puisque cet article contient une définition de l'humour fondée sur l'analyse de son mécanisme esthétique (1).

Un demi-siècle plus tard, à la fin d'une longue carrière passée dans l'intimité de la civilisation anglo-saxonne, le même Louis Cazamian publiait, en 1950, la somme de ses méditations et observations sur l'humour dans un volume intitulé *The Development of English Humor* (2).

C'est un ouvrage historique et descriptif. Avec un peu de nostalgie, d'ailleurs, l'auteur renonce à définir, et ce n'est pas sans quelque humour, justement, qu'il abandonne son lecteur devant la première édition (1771) de l'*Encyclopaedia Britan-*

(1) L. CAZAMIAN, Pourquoi nous ne pouvons définir l'humour, *Revue germanique*, 1906, pp. 601-634. Le thème de cet article a été repris par M. Cazamian, en 1913 (Payot, édit.), et en 1942 (Didier, édit.).

(2) L. CAZAMIAN, *The Development of English Humor*, Duke University Press, Durham, N.C., 1952 (*Humor* et non *humour* parce que le livre, édité aux Etats-Unis, suit l'orthographe américaine). La première partie, concernant l'humour médiéval, avait déjà été publiée en 1930 (Mac Millan, édit.) et les chapitres sur l'humour de Shakespeare en 1945 (Aubier, édit.).

nica. Sous la rubrique *Humour*, au lieu d'une définition, on trouve un double renvoi :

Humour : see Fluid (voir Fluide).
Humour : see Wit (voir Esprit).

Désespérant de donner à *humour* une définition satisfaisante, le lexicographe de 1771 renvoie son lecteur à deux synonymes approximatifs.

Il se trouve que le choix de ces synonymes est fort révélateur, car ils appartiennent chacun à des familles sémantiques très différentes. Le synonyme *fluid* se réfère à l'histoire du *mot*, puisque *a humour* est originellement une humeur, c'est-à-dire un fluide. Le synonyme *wit* se désintéresse du mot, mais se réfère à la *chose*, au phénomène, et lui trouve un rapport logique avec un phénomène parent, le *wit*, que nous traduisons approximativement par « esprit ».

Un dictionnaire plus moderne eût établi le rapport avec le comique, le rire, l'ironie, etc., mais, au XXe siècle, nous ne sommes pas beaucoup plus avancés qu'au XVIIIe. Nous pouvons définir l'humour... plutôt deux fois qu'une, ce qui revient à dire que nous ne pouvons le définir. Quoi que nous fassions, nous avons toujours deux types de définition irréductibles l'un à l'autre. La définition historique, descriptive, suit en Angleterre, puis éventuellement à l'étranger, la piste du mot. La définition théorique, logique, suit la piste de la chose à travers les mécanismes de l'art et de la pensée.

On comprend pourquoi les Anglais n'aiment guère disserter sur l'humour, alors que c'est le péché mignon des anglicistes français pour qui ces spéculations jouent un peu le même rôle que la quadrature du cercle pour les mathématiciens du Moyen Age. On comprend aussi pourquoi ce sont les gens les plus ignorants de la langue et de la littérature anglaises qui sont les plus disposés à bâtir des systèmes pleins de subtiles distinctions verbales entre l'humour, l'ironie, le comique, le burlesque, l'esprit, le ridicule, le grotesque et tous autres mots qui, bien entendu, sont toujours prêts à accepter le contenu qu'on veut bien leur offrir.

L'explication est que, dans la mesure où l'on se trouve prisonnier de la réalité anglaise, on est contraint de suivre la piste du mot dans tout ce qu'elle a d'illogique et de vivant. Si, au contraire, on veut raisonner sur la chose avec quelque efficacité, il faut prendre du recul par rapport à l'histoire vécue de l'humour anglais telle que son nom la résume, il faut même tourner le dos à certains de ses aspects qui n'ont, avec ce qu'on peut rationnellement faire entrer dans le concept d'humour, qu'un lien occasionnel.

Il est en tout cas impossible de chasser deux lièvres à la fois. C'est la méconnaissance de cette impossibilité qui explique l'échec de beaucoup de tentatives. Parmi ces échecs, un des plus éclatants — d'autant plus éclatant que la tentative était plus brillante — est *Le plaisir du rire*, de Max Eastman (1). Cette remarquable étude esthétique de la « chose » rire commet deux erreurs funestes, la première de parler du mot *humour*, la deuxième de le faire avec humour. La deuxième faute est l'erreur classique qui consiste à confondre l'objet et l'instrument d'une étude : elle n'est qu'impardonnable de la part d'un esthéticien. La première est catastrophique, surtout dans la traduction, car le lien, considéré comme évident par l'auteur, entre ce que tout le monde *sait* être le rire et ce qu'*on appelle* l'humour aux Etats-Unis, n'est pas toujours évident pour le lecteur étranger. Le résultat est inévitablement une extrême confusion.

II. — Le mot et la chose

Le conflit du mot et de la chose est pourtant bien connu de tous ceux qui essaient d'élucider le contenu exact de notions communément acceptées

(1) Max Eastman, *Enjoyment of Laughter* (1952), traduit par P. Ginestier, *Le plaisir du rire* (1958).

par l'usage. D'une part, il y a le mot qui a été inventé ou emprunté pour désigner, dans un certain pays, dans une certaine communauté, un ensemble d'expériences vécues, de réalités individuelles dont la cohésion est essentiellement pratique. D'autre part, il y a la « chose », c'est-à-dire le produit fini d'une réflexion qui a logiquement organisé certaines parties de l'expérience originelle, puis qui a généralisé le concept ainsi créé en l'étendant à d'autres expériences étrangères, mais similaires.

Dans ces conditions lorsqu'une discussion s'établit, par exemple, sur le « picaresque » entre un hispaniste (qui pense au mot et à la réalité historique concrète qu'il recouvre) et un spécialiste d'une autre littérature (qui pense à une catégorie esthétique générale), l'échange de vues a toutes chances de ressembler à un dialogue de sourds des plus divertissants. La situation devient tout à fait cocasse quand le mot contient un quiproquo. Si un Anglais, un Allemand et un Français discutent de romantisme, ils ont fort peu de chances de parler sérieusement. L'Anglais, en effet, a dans la tête le contenu de *romantic* (parent ancien de notre romanesque), l'Allemand ne peut s'empêcher de songer au *romantik* des frères Schlegel, formé plus récemment par référence à l'art roman, et le Français essaiera vainement de faire entrer dans le concept « romantique » tant d'héritages contradictoires.

Pire encore est le cas où le mot choisi est un mot courant, dont signification nouvelle et acception ancienne continuent non seulement à coexister, mais encore à évoluer séparément, et cela de façon différente dans les diverses langues qui, au hasard des emprunts ou des réinventions, en ont fait usage. C'est précisément le cas d'*humour*.

Le mot latin *humor* était un terme scientifique qui, au XVIe siècle, possédait sa traduction dans presque toutes les langues civilisées. En Angleterre, il appartenait au langage courant à qui le langage de la critique littéraire l'emprunta.

Il se trouva que ce nouvel emploi correspondait à un trait de psychologie assez répandu en Angleterre. Il s'intégra donc à la pratique du mot qui, pendant plusieurs siècles, se chargea à chaque génération de nuances nouvelles.

Au XVIIIe siècle, son contenu devint si lourd qu'un point de rupture fut atteint dans sa résistance sémantique et qu'il éclata. C'est alors que le lexicographe de l'*Encyclopaedia Britannica* manifeste son indécision. La réflexion consciente s'empare de l'humour et commence à en faire l'inventaire.

A partir de ce moment se construit une esthétique de l'humour anglais et, de Swift à Jerome K. Jerome, une coïncidence partielle entre le mot et la chose permet aux esthéticiens d'élaborer de séduisantes théories.

Séduisantes, mais non satisfaisantes, car l'expérience anglaise (contenue dans le mot) devient, sous sa forme rationnelle, un article d'exportation d'autant plus demandé que, précisément, à partir du XVIIIe siècle, l'influence anglaise rayonne sur l'Europe. Ainsi apparaît un nouveau concept qui tend progressivement à se détacher de son origine anglaise et qui, à notre époque, n'a plus rien de spécifiquement anglais. Malheureusement c'est un mot anglais, *humour*, qui continue à le désigner. Ce mot est maintenant adopté par la plupart des langues où il retrouve sa forme primitive venue directement du latin.

C'est bien ce qui complique les choses, car le mot correspondant à *humour* en anglais a, depuis les origines, suivi dans les autres langues des chemins fort différents et il a quelque peine à reconnaître ce cousin d'Angleterre. C'est pourquoi même à notre époque (où existe pourtant un humour espagnol autochtone), il est fréquent qu'un Espagnol, voulant exprimer l'idée d'humour, se serve de l'expression *buen humor* (bonne humeur), ce qui est un contresens, mais un contresens trop insidieux pour être perçu au niveau du langage courant. En effet, le *humour* et le *buen humor* ont, tous deux, quelque chose à voir avec le rire — malheureusement pas du tout la même chose.

Le français est exempt de cette difficulté, car son évolution phonétique lui a donné, à la fin du XVIIIe siècle, un mot « humeur » assez différent de l'anglais *humour* pour justifier l'adoption du doublet « humour ».

Cette distinction humeur-humour que le français est presque la seule langue à faire, est à la fois précieuse et embarrassante. Embarrassante parce qu'elle tend à faire oublier l'origine vivante du mot *humour* (qui, pour les Anglais, conserve toujours quelque parenté avec l'humeur), précieuse parce qu'elle a permis très tôt en France une prise de conscience de la « chose » humour en tant que mécanisme rationnel.

Mettant à profit cette position médiane, nous devrons donc nous contenter de deux définitions à défaut de pouvoir en donner une. On découvrira aisément entre elles des points de rencontre, mais il sera vain de rechercher une coïncidence totale, voire une congruence. L'une sera celle du mot anglais et de la réalité anglaise d'abord puis, tout récemment, internationale en contrepoint avec laquelle il a évolué et vécu. L'autre sera celle du mécanisme intemporel et universel que l'analyse permet de découvrir dans l'humour anglais, et qu'on découvre aussi, sous mille autres formes et sous mille autres noms, dans mille autres contextes qui n'ont, ni de près, ni de loin, plus rien à voir avec l'Angleterre ni... avec l'humour.

PREMIÈRE PARTIE

LE MOT

Chapitre Premier

DES HUMEURS A L'HUMOUR

I. — A chacun son humour

Nous avons vu que *humour* a une origine médicale. La théorie des humeurs, renouvelée des Grecs, transmise par les Arabes, recueillie par les médecins et alchimistes, conservait à la fin du Moyen Age les traits principaux que, deux mille ans plus tôt, lui avait donnés Hippocrate de Cos.

Hippocrate distinguait quatre tempéraments fondamentaux, dont chacun correspondait à la prédominance d'une des quatre humeurs existant dans le corps humain. Ces humeurs elles-mêmes s'apparentaient aux quatre Eléments : la bile au Feu (chaud), l'atrabile à la Terre (froid), le sang à l'Air (sec) et la pituite à l'Eau (humide). Ainsi les tempéraments s'intégraient-ils à une sorte de cosmogonie fondée sur les affinités.

Au IIe siècle de notre ère, Galien fit faire un nouveau pas (décisif pour l'humour) à la doctrine humorale. Il vit, dans la *prédominance anormale* d'une des humeurs dans l'organisme, la cause de toutes les maladies. Or le galénisme, accepté implicitement (et parfois catastrophiquement) par la médecine médiévale, fut soudain remis en cause au début du XVIe siècle. On sait que Paracelse, prenant possession, en 1526, de sa chaire de médecine à Bâle, brûla publiquement (entre autres) les œuvres de Galien. Il prétendait d'ailleurs s'insurger moins contre la doctrine humorale elle-même que contre la routine de la pathogénie galénique. Un point important pour nous est que, par sa théorie de l'identité du spirituel et du matériel, Paracelse jeta un pont entre la médecine du corps et celle de l'âme.

En France, Jean Fernel, contemporain exact de cet autre médecin qu'était Rabelais, conquit au milieu du siècle le titre de « Galien moderne », en apportant au galénisme une correction importante : tout en conservant l'essentiel de la doctrine humorale, il mit en lumière le rôle des lésions organiques et des désordres fonctionnels dans les déséquilibres tempéramentaux. Les controverses allèrent bon train, mais les idées de Fernel furent accueillies sans défaveur par certains paracelsistes, et notamment par l'Anglais Robert Fludd, personnage important de la cour d'Elisabeth Ire, dont la vie coïncide année pour année avec celle de Ben Jonson. Philosophe mystique, occultiste et ésotériste autant que médecin, Robert Fludd fut au cœur d'une gigantesque polémique européenne à laquelle Képler, Gassendi, Mersenne et peut-être même Hobbes, se trouvèrent mêlés.

On comprendra dans ces conditions que le mot d'humeur (ou ses équivalents) ait été à la mode dans toute l'Europe à la fin du XVIe siècle (1). On peut même admettre qu'entre 1590 et 1640, les

(1) On trouvera dans le livre de L. CAZAMIAN, *The Development of English Humor* (pp. 311-312), plusieurs exemples d'emploi de *humour* voisins de l'emploi jonsonien (mais moins conscients) chez des auteurs qui s'étagent de 1550 à 1590.

polémiques en aient fait une sorte de « scie », un de ces vocables éculés dont, par snobisme ou paresse d'esprit, on émaille la conversation sans se préoccuper de leur sens exact : un peu ce que sont ou ont été de nos jours en français « climat », « engagement », « authentique », « valable ». Dans *Henry V* (qui date précisément de 1598 ou 1599), Shakespeare le met dans la bouche du personnage burlesque de Nym comme une rengaine sans signification.

Rien de surprenant, donc, que Ben Jonson s'y soit référé pour faire comprendre au public contemporain sa conception de la comédie. C'est un geste de vulgarisateur. Il prend un mot savant que d'excellents esprits ont surabondamment et contradictoirement obscurci par leurs querelles, puis que la langue quotidienne, par un usage désordonné, a vidé de sa signification, mais qui est familier aux oreilles du grand public et ne requiert aucun effort pour être accepté. Et c'est de ce mot qu'il se sert pour « faire passer » ses idées nouvelles.

De quelles idées s'agit-il ? Essentiellement de fonder en doctrine une comédie classique qui soit avant tout une comédie de caractères.

On peut opposer le théâtre psychologique de Shakespeare, tout en individualité, en contingence, au théâtre de caractères ou d'humeurs tel que le conçoit Ben Jonson. Il y a, chez Shakespeare, une comédie qui met en jeu des excentricités caractérielles, susceptibles d'une interprétation humorale, mais ces excentricités restent particulières à certains individus et doivent s'interpréter en fonction de leur personnalité tout entière. Même quand certains personnages shakespeariens sont humoristiques au sens jonsonien du mot, ce n'est pas sur leur « humeur » qu'est fondée la comédie, c'est — d'une façon infiniment plus riche et plus souple — sur le heurt imprévisible de leur libre individu dans toute sa complexité vivante avec celui d'autres personnages complexes comme eux.

La conception de Ben Jonson — lettré qui méprisait le « primaire » Shakespeare — est plus conforme aux traditions classiques. Or une grande partie du théâtre antique et surtout du théâtre médiéval savant, féru d'allégories, de symboles, enseigne à n'utiliser comme personnages qu'un nombre limité de caractères-types, par exemple le Fanfaron, l'Avare, le Menteur, le Jaloux. Ben Jonson n'avait pu qu'être confirmé dans cette tendance par la lecture des *Caractères* de Théophraste, récemment traduits, où les types sont catalogués en vingt catégories différentes. Son idée est d'utiliser la théorie des humeurs pour la détermination et la définition de ces caractères-types : on aura ainsi pour commencer le Coléreux, l'Atrabilaire, l'Emporté, le Flegmatique, puis toutes les combinaisons intermédiaires.

Ces combinaisons, on le remarquera, sont infiniment moins nombreuses que toutes les psychologies possibles dont la comédie de Shakespeare est le reflet — *a mirror held up to Nature*. Intellectuel autant que Shakespeare est vital, Ben Jonson essaie moins de retrouver le foisonnement de la nature que de reconstruire une nature théâtrale. C'est un classique, et notre Molière est de sa lignée, qui a donné au théâtre, dans *Le Misanthrope* et *Le Malade imaginaire*, les deux meilleurs exemples de *humours* jonsoniens.

Que sont donc ces *humours* ? Ben Jonson les a très clairement définis dans *Every Man Out of His Humour* :

Ainsi dans tout corps humain
La bile, l'atrabile, le phlegme et le sang,
Coulant tous continuellement
Dans un certain sens et ne pouvant être contenus,
Reçoivent le nom d'humeurs. Cela étant,
Ce nom peut par métaphore s'appliquer
A la disposition générale du caractère :
Par exemple lorsqu'une qualité particulière
Possède un homme à tel point qu'elle force
Ses sentiments, ses esprits, ses talents,
Leurs flux mélangés, à s'écouler tous dans le même sens,
Alors, oui, on peut dire qu'il y a là un *humour* (1).

Il n'est pas très important à ce point de l'analyse de se demander s'il s'agit d'un *humour* réel ou d'un *humour* affecté — encore que dans les lignes qui suivent cette définition, Ben Jonson déclare ridicules ceux qui imitent l'excentricité sans la posséder en propre. Du point de vue théâtral, peu importe que le personnage façonné par l'humour soit donné comme malade ou comme imposteur, qu'il relève du médecin ou du moraliste. Au reste, il y a là une ligne de démarcation bien difficile à tracer : qui peut dire ce qu'il y a de théâtre chez un vrai lunatique et de déséquilibre réel chez un « poseur » ? L'atrabilaire Alceste se complaît dans son rôle, alors que le très conscient M. Jourdain est, sans le vouloir, victime de sa complexion sanguine.

Notons par parenthèse que la folie d'Hamlet (un des plus jonsoniens des personnages de Shakespeare) reste aux limites de l'imposture et de la réalité : c'est un mélancolique morbide qui contrefait sa propre maladie. Que les intentions de Shakespeare dans *Hamlet* (qui, rappelons-le, est, à six mois près, le contemporain d'*Every Man Out*

(1) *Every Man Out of His Humour*, prologue.

of His Humour) aient été analogues à celles de Ben Jonson, on n'en peut douter si l'on compare la définition du *humour* donnée ci-dessus à la déclaration que fait Hamlet à ses compagnons quelques instants avant l'apparition du fantôme sur la terrasse d'Elseneur. Chez certains hommes, explique-t-il, un seul travers de la nature, qu'il soit congénital ou acquis, suffit à déformer ou corrompre l'individu tout entier :

Par le foisonnement d'une certaine complexion
Qui souvent abat les palissades et remparts de la raison (1).

Hamlet est donc un *humour*, mais un *humour* tragique. Ceux que présente Ben Jonson sont, au contraire, délibérément comiques. On peut même dire que le grand mérite de Ben Jonson est d'avoir découvert un mode d'utilisation comique des *humours*. Comme le souligne L. Cazamian, il a scellé de manière pratiquement indissoluble l'alliance sémantique du comique et de l'humour :

Il a détruit toute impression qui pouvait encore survivre que la servitude physique impliquée par le sens médical de *humour* fût un élément tragique, mieux adapté au pathétique qu'à la comédie. Il a donné au mot et à la notion une atmosphère nettement comique. L'association ainsi conclue et confirmée entre les *humours* et le rire était grosse de conséquences bien au-delà de ce qu'il pouvait imaginer (2).

II. — La tentation européenne

Avant d'aller plus loin, il faut se demander pourquoi, les mêmes causes devant en principe produire les mêmes effets, le mot correspondant à *humour*, en Angleterre, n'a pas eu un sort analogue au sien

(1) *Hamlet*, acte I, sc. 4.
(2) L. Cazamian, *op. cit.*, p. 316.

dans les autres pays où existaient à la même époque des querelles médicales et une recherche littéraire tendant à découvrir de nouveaux langages.

A la vérité, dès qu'on y regarde d'un peu près, on s'aperçoit qu'il a existé entre 1550 et 1650 comme une tentation européenne de l'humour. Cette période est celle que la terminologie à la mode qualifie d' « âge baroque ». Le mot de baroque est au moins aussi galvaudé de nos jours que le mot d'humour du temps de Ben Jonson, mais personne n'a encore réussi à le rendre comique. Il en vaut un autre pourtant, si l'on s'en sert pour désigner ce goût de l'extravagance, de l'exagération, de la fantaisie déchaînée qui caractérise effectivement la période.

Or, on notera que tous ces traits se trouvent implicitement contenus dans la notion d'humour. En effet, depuis Galien, la doctrine humorale comporte une pathogénie, le déséquilibre humoral étant à l'origine des maladies. C'est ce point surtout que le langage courant retint : tout en adoptant d'enthousiasme les humeurs, il insista sur ce que leur mélange avait d'instable ou d'inégal.

En Angleterre, on retrouve l'idée de variabilité dans un des emplois de *temperamental*. Quant à l'idée de déséquilibre, le mot de *temper* dans son usage actuel implique une prédominance de l'élément bilieux et colérique : de même façon, nous disons en France « avoir de l'humeur ». Donc, dès le milieu du XVIe siècle, *humour* impliquait pour les Anglais une bizarrerie caractérielle, une excentricité (naturelle ou affectée) et, de toute façon, une conduite fantasque.

En Italie (et l'Angleterre entretient alors des relations culturelles très étroites avec l'Italie), *umore* possède au même moment à peu près le même contenu, mais on s'en aperçoit moins, car il est comme noyé dans le raz de marée baroque. Il en arrive même (ce qu'il ne fera jamais en Angleterre) à définir une attitude systématique qui reçoit la consécration de la désinence propre aux systèmes : l'*umorismo*. Cet *umorismo* n'est, d'ailleurs, qu'une des mille formes de l'extravagance baroque. Lorsque, sous la protection de Paolo Mancini, se fonda en 1602, à Rome, l'Académie des *Umoristi* (dont Marini devait être le président), elle aurait pu prendre n'importe lequel des noms fantastiques dont se parèrent les autres académies italiennes contemporaines : *Lunatici*, *Estravaganti*, *Fantastici*, *Intronati*, *Infiammati*, etc. Autant de synonymes pour l'*umore* qui, après cette flambée de faveur, passa de mode comme le reste.

Il serait intéressant de chercher ce qu'en Espagne la folie de Don Quichotte et en Allemagne la naïveté du Simplicius Simplicissimus doivent à la théorie des humeurs (1). Le « baroque » cornélien lui doit certainement beaucoup. Il existe, en tout cas, chez Corneille un exemple bien connu d' « humeur » employé dans un sens typiquement jonsonien. Dans *La suite du Menteur*, Cléandre, écoutant les propos joyeux de l'excentrique Cliton, s'écrie :

Cet homme a de l'humeur.

Et Dorise lui répond :

C'est un vieux domestique
Qui, comme vous le voyez, n'est pas mélancolique (2).

(1) Le *Quichotte*, de Cervantès, est de 1605-1615, et correspond à la période de pleine vogue de l'humour. Quant au *Simplicius Simplicissimus*, de Grimmelshausen, il est de 1662, mais sa dette envers le roman espagnol contemporain du *Quichotte* est bien connue.

(2) *La suite du Menteur*, acte III, sc. 1.

On ne saurait être plus explicite, et Ben Jonson n'eût pas renié ce texte. Il semble pourtant difficile d'y voir une influence anglaise sur Corneille : ce serait la seule. D'autre part, Littré signale dans le *Jodelet* de Scarron (qui a été représenté en 1645, un an après *Le Menteur* et sa suite), la remarque suivante :

> De ce qu'elles ont moins, c'est dont plus je les loue :
> Aux sottes, de l'esprit ; aux vieilles, de l'humeur (1).

Mais là, il faut être prudent. Il est presque trop beau de voir Scarron faire, cinquante ans avant les Anglais, la subtile distinction entre *wit* et *humour*. Au reste, nous ignorons quelles nuances exactes il attribuait à « humeur » et à « esprit ».

Quoi qu'il en soit, partout, sauf en Angleterre, cet emploi d' « humeur » est, à la fin du XVIIe siècle, tombé en désuétude. Le mot, pourtant, aurait pu faire une honnête et longue carrière dans le vocabulaire du critique dramatique ou du moraliste. Les exemples que nous avons donnés ci-dessus, le fait que nous ayons trouvé des *humours* jonsoniens chez Molière, prouvent que l'Europe était prête à l'adopter définitivement dès cette époque. Il lui a seulement manqué dans les autres pays ce que Ben Jonson lui a donné en Angleterre : une formulation. Il eût suffi que nos théoriciens classiques, nos faiseurs de préfaces et d'arts poétiques, aient lu Ben Jonson ou quelqu'un de ses successeurs. Mais qui se soucie alors d'accepter un exemple anglais ? On ne lira pas Ben Jonson en France avant le milieu du XVIIIe siècle.

Humour restera donc enfermé cent cinquante ans encore dans son île. Et, pendant ces années, il

(1) *Jodelet*, acte I, sc. 1.

subira une étrange métamorphose. Quand Ben Jonson l'avait emprunté au vocabulaire médical pour lui donner un emploi délibérément littéraire, il avait déjà dans le langage quotidien un usage idiomatique qui faisait de lui un mot proprement anglais exprimant, si vaguement, si confusément que ce fût, l'intuition d'une réalité anglaise. Or, sans que soit abandonné le schéma sémantique jonsonien, c'est cet aspect « ethnique » du mot qui prend le dessus. Le fait de civilisation chasse le fait littéraire sans l'exclure complètement, mais l'humour, au bout de cette évolution (c'est-à-dire dans le premier quart du XVIIIe siècle) en arrive à être ressenti comme une sorte de trait national, comme une tradition venue des profondeurs de l'âme anglaise.

Chapitre II

LA VOCATION NATIONALE

I. — Le réflexe anglais

Il serait facile de montrer que l'imagerie nationale britannique repose sur une schématisation de la caractérologie humorale. Le *squire* à la manière de Sir Roger de Coverley, le John Bull mangeur de *roast beef* et buveur d'*ale*, le colonel en retraite — moustache blanche sur fond de brique rouge — sont des sanguins typiques. Non moins typiques sont les bilieux : grognons à la tête dure, volontaires aux colères froides, vieux *clubmen* au foie colonial, joie des caricaturistes du *Punch*. Il est inutile d'insister sur les flegmatiques : ils constituent l'article d'exportation par excellence et, de Philéas Fogg au Major Thompson, ont l'honorable privilège de représenter leur nation aux yeux des étrangers. Restent les mélancoliques. Ce sont les plus nombreux, car l'histoire de la mélancolie est aussi vieille que l'histoire du peuple anglais lui-même.

Jusqu'ici, nous n'en sommes qu'au sens ancien, médical, de *humour*. Il nous faut maintenant prendre en considération les nuances apportées par Ben Jonson, et notamment la nuance comique. Le moment n'est pas venu de formuler une théorie du comique, mais on peut admettre que le procédé que Ben Jonson emploie pour utiliser comiquement les *humours* consiste à présenter des personnages que la situation dramatique place en porte-à-faux par rapport à leur *humour* (et c'est *Every Man in His Humour*) ou que leur *humour* place en porte-à-faux par rapport à leur rôle réel (et c'est, avec infiniment moins de bonheur, *Every*

Fig. 1. — Une tradition qui remonte aux croisades *(Dessin d'Osbert Lancaster)*

Man Out of His Humour). Cela suppose que ces personnages possèdent une double nature. Un excentrique à l'état pur ne ferait pas rire. Pour qu'il devienne comique, il faut que son anomalie caractérielle se détache sur un fond de normalité ou sur le fond d'une anomalie contradictoire. La deuxième nature de l'excentrique donne la mesure de son excentricité et permet à cette dernière d'acquérir par décalage un caractère risible. On comprend pourquoi les auteurs comiques (et Ben Jonson tout le premier) préfèrent représenter des *humours* affectés, de faux excentriques : le seul fait qu'ils soient réputés faux suppose l'existence d'une vraie nature normale et réalise automatiquement les conditions nécessaires à la comédie. Mais, répétons-le, l'imposture n'est pas indispensable : il suffit que le personnage prisonnier de son *humour* conserve assez de lucidité pour percevoir les limites de sa prison, comme Hamlet ou comme Volpone.

Or, si prudent qu'on soit, cette dualité de nature est une des réalités permanentes dont il faut bien reconnaître l'existence dans l'histoire des idées et des sentiments en Angleterre. Dès qu'on admet la notion d' « âme anglaise », c'est une façon assez exacte de décrire cette âme que de la voir construite de génération en génération par une sorte de dialectique entre des tendances contradictoires dont chacune sert alternativement de masque à l'autre, la plaisanterie venant humaniser la mélancolie ou la morosité venant tempérer une vitalité trop exubérante. Au début du XVIIIe siècle, Richard Steele écrit qu'on ne doit pas se moquer d'un homme qui pleure tant qu'on ne sait pas s'il faut attribuer ses larmes : *to the hardness of the head or to the softness of the heart.* Têtes dures ou cœurs tendres ? De même façon, toute l'histoire de la littérature anglaise et de l'âme anglaise à travers sa littérature nous livre le double et énigmatique visage d'un optimisme triste et d'un pessimisme gai.

Quelle est l'origine de cette dualité ? L'angliciste français Floris Delattre en a proposé une séduisante et poétique. Il y voit le fruit du mariage de la joie de vivre française avec la morosité anglo-saxonne lors de l'invasion normande (1). Ainsi

(1) Floris Delattre, La naissance de l'humour dans la vieille Angleterre, *Revue anglo-américaine*, 1927, pp. 289-307.

présentée, l'interprétation est peut-être insuffisante, mais on en peut retenir que l'invasion de 1066 a été une des grandes aventures sentimentales et intellectuelles de ce peuple qui, enfermé dans son île, est resté relativement exempt des brassages humains dont l'Europe continentale a été le théâtre. D'ailleurs, le clivage culturel anglo-normand avait été préparé cinq cents ans plus tôt par le clivage racial germano-celtique. Sans être exagérément tainien, on peut admettre que ces divers facteurs ont contribué à façonner les traits contradictoires du Janus britannique.

Il est certain qu'après deux millénaires, les deux évangélisations, celle de l'époque romano-celtique et celle de l'époque anglo-saxonne, se retrouvent, chacune avec son atmosphère propre, dans l'opposition fondamentale des deux christianismes britanniques : *High* et *Low Church*, tentation romaine et tentation protestante. Celle-ci est presque toujours morose, celle-là est volontiers joviale, mais il est bien rare qu'on puisse les trouver à l'état pur. C'est au niveau des consciences que, d'un bout à l'autre de l'histoire d'Angleterre, la lutte du puritanisme et de l'antipuritanisme se déroule à l'arrière-plan des luttes sociales. La fin du Moyen Age avait vu l'alliance des bourgeois et des paysans avec les ascétiques réformateurs Lollards contre les derniers souverains Plantagenets de la lignée française. Nul mieux qu'un homme de la génération de Ben Jonson ne peut être sensible à la menaçante contradiction qui, au cœur de la société élisabéthaine, prépare des jours de violence. Sous les excentricités qu'il tente d'exorciser par le comique (comme Shakespeare tentera, moins consciemment, de les exorciser par le tragique), il y a des passions qui feront couler le sang.

A la génération suivante, c'est en lui-même que Milton découvre la contradiction, et à ses *humours* ennemis, il dédie les vers alternés de l'*Allegro* :

> Viens, déesse belle et noble,
> Qu'au ciel on appelle Euphrosyne
> Et parmi les hommes, la Joie douce au cœur.

et du *Penseroso* :

> Salut à toi, déesse sage et sainte,
> Salut, toute divine Mélancolie...

Quelques années plus tard, il fallait choisir entre l'*allegro* de Cavaliers royalistes et catholiques et le *penseroso* des Têtes rondes. Mais les guerres civiles du XVIIe siècle n'épuisent pas le débat. Au XVIIIe siècle, la petite bourgeoisie montante opposera la gravité de l'enthousiasme wesleyen à l'optimisme satisfait de la *gentry* anglicane. Et cela subsistera tout au long de l'histoire du capitalisme britannique. De nos jours encore le travaillisme se teinte souvent d'un méthodisme morose, alors que les conservateurs continuent à brandir le mythe éculé de la « Joyeuse Vieille Angleterre » — *Merrie England.*

Mais le plus curieux est que ces forces contradictoires s'incarnent dans la vie nationale en des *humours* jonsoniens, en des hommes qui concentrent symboliquement sur eux toute l'excentricité d'une attitude politico-morale et substituent à l'âpreté, à la violence des luttes historiques, les convenances d'une sorte de comédie rituelle. Au niveau des chefs de gouvernement, ce sont les fameux couples de la politique anglaise : le flegmatique Gladstone contre le bilieux Disraeli, la mélancolie austère de Sir Stafford Cripps contre la ténacité sanguine de Sir Winston Churchill.

On voit ici comment la dramatisation comique des *humours*, proposée par Ben Jonson, s'adapte exactement aux besoins historiques de la nation anglaise. La prise de conscience comique du jeu alterné des *humours* est, dans cette nation, le grand antidote à la violence qui couve plus dangereusement, peut-être, que partout ailleurs. N'est-ce point dans ce peuple que Karl Marx avait lu la réalité de la lutte des classes et la nécessité de la révolution prolétarienne ? Mais Karl Marx, étranger, avait compté sans le *sense of humour*.

Car le *sense of humour* — que nous trahissons abominablement en le traduisant par « sens de l'humour » — c'est exactement cela : c'est cette conscience naturelle, intuitive, mais lucide et délibérément souriante de son propre personnage caractériel au milieu d'autres personnages.

Dès lors ce *sense of humour*, qui est un des biens les plus précieux transmis par l'éducation anglaise depuis la Renaissance, apparaît comme la condition fondamentale du compromis sur lequel repose toute la vie nationale anglaise. Il est l'équivoque par excellence, le *no man's land* des valeurs où, de même que l'excentricité avec l'équilibre moral, le conformisme joue à cache-cache avec la révolte, le sourire avec l'amertume, le sérieux avec le scepticisme.

C'est ainsi que le mot, proposé par Ben Jonson pour ses héros de comédie, en arrivera à désigner pour les Anglais de chair et d'os une attitude sociale, un réflexe national que Stephen Potter définit ainsi :

> L'idée générale est qu'un terrain commun a été découvert, peut-être même un sauf-conduit permettant de pénétrer sur le territoire de l'adversaire. Mais, que nous ruminions l'humour des autres ou que nous en créions nous-mêmes, notre

réflexe le plus courant est le détachement par le sourire. C'est ce qu'on pourrait appeler le Réflexe anglais. Il fait partie de l'armature de notre vie sociale (1).

II. — Portrait de l'humoriste

Nous avons vu que le *sense of humour* est, avant tout, la conscience de son propre personnage. C'est donc une expression qui est sémantiquement très voisine de cet autre maître-mot de l'âme anglaise : *self-consciousness*. La *self-consciousness* est aussi une victime des dictionnaires qui la traduisent par « timidité ». En réalité, c'est la conscience de soi, ou plus exactement cette conscience particulièrement aiguë de soi qu'on a sous le regard des autres, et qui pourrait passer pour de la timidité, alors qu'en réalité elle est une pudeur. Elle n'exclut ni la malice, ni l'audace, ni le courage. C'est l'attitude même de l'homme qui possède le *sense of humour*, de celui qu'on appellera plus tard un humoriste.

Le premier humoriste indiscutable de la littérature anglaise est Geoffroy Chaucer. Or, il nous a laissé de lui-même un portrait qui confirme les observations ci-dessus. C'est comme narrateur supposé des *Contes de Canterbury* que l'hôte l'interpelle :

Quel homme es-tu donc ? dit-il ;
On dirait que tu cherches un lièvre,
Car je te vois toujours les yeux sur le sol.
Approche-toi, et lève les yeux gaiement.
Regardez, messieurs, faites place pour cet homme.
Sa taille est aussi ronde que la mienne :
Jolie poupée à prendre dans ses bras
Pour une femme, petite et jolie de visage.
A le voir, on dirait qu'il est dans la lune,
Car il n'est personne à qui il fasse joyeuse mine (2).

(1) Stephen POTTER, *Sense of Humour*, Londres, 1954, p. 4.
(2) G. CHAUCER, *Canterbury Tales, Prologue to Sir Thopas*, v. 13625 à 13634.

A cette description Chaucer ajoute, pour son compte, la parole niaise, la langue embarrassée, le répertoire court.

Le personnage qui se dessine devant nous est une sorte de rêveur mélancolique et un tantinet obtus (dès ce moment le mélange idéal de la bienséance anglaise). Et là-dessus, toute l'œuvre contredit le personnage. Elle est gaie, vive, malicieuse et révèle ce *twinkle in the eye*, ce scintillement de la prunelle, ce clin d'œil complice que l'humoriste dissimulait sous ses paupières baissées.

Ne comptons pas avant plusieurs générations trouver un autre humoriste comme Chaucer. Certes, il est probable que les excentriques conscients ont été aussi nombreux en Angleterre au XVe siècle qu'à d'autres époques, mais la dureté des temps les dérobe à nos yeux.

Au XVIe siècle, le problème est différent, car la Réforme et l'humanisme font soudain pénétrer en Grande-Bretagne tout un flot d'influences étrangères. Nous entrons dans cette zone où bientôt va se développer le « baroque » et où foisonnent d'autres types d'excentricités conscientes qui n'ont pas, à l'origine, grand-chose de commun avec le jeu de la morosité et de la gaîté dont Chaucer nous a révélé la présence dans l'âme nationale. C'est ainsi qu'on peut trouver, en 1515, dans l'*Utopia* du saint catholique Sir Thomas More, cette remarque venue tout droit de l'*Eloge de la folie* d'Erasme : « Tandis que je vais cherchant à guérir la folie des autres, il faut que je sois aussi fou qu'eux (1). » Il y a là tout ce qui sera, plus tard, l'humour des fous et des *clowns* de Shakespeare : le fossoyeur d'*Hamlet*, le Touchstone d'*As You*

(1) Thomas MORE, *Utopia* (éd. angl. de 1869), p. 65.

Like It, le Feste de *Twelfth Night*, l'Autolycus de *The Winter's Tale.*

En 1540, le personnage principal de *Ralph Roister Doister*, savante comédie de Nicholas Udall, directeur de l'école d'Eton, est déjà presque un *humour* jonsonien. Il manque seulement à son excentricité, inspirée de Plaute, d'être naturalisée anglaise.

Cette naturalisation intervient, nous l'avons vu, dans les dernières années du siècle, et c'est un personnage de Shakespeare qui, à peu près au moment où Ben Jonson énonce sa doctrine des *humours*, retrouve le secret de la formule chaucérienne. Et quel personnage digne de Chaucer que ce Falstaff à la panse généreuse et à la mélancolie philosophique ! C'est dans la seconde partie d'*Henry IV* qu'il donne l'infaillible recette pour faire rire le prince Harry : *A jest with a sad brow* — une plaisanterie dite d'un air triste (1).

Il s'en faut encore que cette règle d'or soit applicable aux grands mélancoliques de la littérature élisabéthaine. Ce ne sont pas des mélancoliques pour rire. Pourtant, il y a chez eux un peu plus qu'une tristesse ordinaire. Comme dit Jaques, l'amer philosophe d'*As You Like It* :

> Ma mélancolie n'est ni celle du savant, qui est émulation ; ni celle du musicien, qui est fantaisie ; ni celle du courtisan, qui est orgueil ; ni celle du soldat, qui est ambition ; ni celle de l'homme de loi, qui est calcul ; ni celle de la dame, qui est coquetterie ; ni celle de l'amoureux, qui est toutes les autres ensemble. C'est une mélancolie bien à moi, c'est le composé de bien des simples, l'essence de bien des choses (2).

Mais il est inutile de chercher dans son regard un clin d'œil complice. Le rire dément (il le compare

(1) Shakespeare, *II Henry IV*, acte V, sc. 1.
(2) Shakespeare, *As You Like It*, acte IV, sc. 1.

au chant du coq) qui lui échappe lorsqu'il écoute les propos de Touchstone, est un rire sans joie ni humanité. S'il y a quelque valeur humoristique chez Jaques, elle tient au fait qu'il n'est pris au sérieux par personne et que son excentricité morbide se détache sur le fond de santé morale des autres personnages.

Mais il est trop tôt encore pour poser le problème des humoristes passifs et actifs. Contentons-nous de noter l'absence d'humour (c'est-à-dire l'absence d'une plaisanterie cachée sous l'air triste) dans le personnage de Jaques.

Pour que la jonction se fasse entre le poète savant et le poète populaire, entre l'analyse humaniste de Ben Jonson et l'intuition nationale de Shakespeare, il faudra attendre encore quelques années, jusqu'au règne de Jacques Ier. C'est en 1621 que parut l'*Anatomy of Melancholy*, de Robert Burton. Ce gros traité médico-philosophique sur la mélancolie en tant que désordre mental est ce que, de nos jours, nous appellerions un canular. C'est un canular de grande classe, monté avec tout le sérieux nécessaire : l'ouvrage n'est pas médicalement négligeable. Mais, d'un bout à l'autre, on y sent le sourire sous cape de Burton dont on oublie trop souvent qu'il a débuté dans la carrière des lettres par une comédie en latin sur les charlatans (1). Il y a même, dans l'*Anatomy of Melancholy*, de parfaits exemples de cette technique humoristique très moderne, qui est dérivée du décalage jonsonien entre les deux natures de l'excentrique et qui consiste à faire passer une remarque manifestement (et caustiquement) aberrante au milieu d'une phrase par ailleurs d'une imperturbable gravité. Ainsi,

(1) *Philosophaster* (1606).

ayant déclaré que les Jésuites cumulent le sacerdoce avec l'exercice de la médecine, Burton ajoute tranquillement :

En ce moment, il y en a un certain nombre qui, *permissu superiorum*, sont chirurgiens, entremetteurs, maquereaux, et accoucheurs (1).

Le point essentiel est que le livre n'est pas méchant. Il a toute la lucidité de *Volpone*, mais rien de son cynisme et Falstaff pourrait en dire ce que, parlant à la troisième personne, il dit de lui-même :

Dire que je sais qu'il y a en lui plus de mal qu'en moi, serait dire plus que je n'en sais (2).

Désormais est né le personnage du misanthrope lucide mais bon, du bourru mélancolique au cœur tendre, auquel déjà on donne le nom de *humorist*. Il reste à lui façonner un visage. Ce sera l'œuvre du XVIIe siècle finissant, puis du XVIIIe. L'humour devient une façon d'être, un style de vie — celui de Swift ou du Dr Johnson.

Il faudra, pour que l'incarnation de l'humoriste soit complète, que le roman reprenne l'œuvre où le théâtre l'avait laissée. En 1771, dans *Humphrey Clinker*, roman tardif de Tobias Smollett, on trouve, en la personne du Squire Bramble, un magnifique portrait de l'humoriste. Le digne homme possède une telle conscience de son excentricité — *sense of humour* — un tel sentiment du ridicule qu'il encourt — *self consciousness* — que, désirant secourir une pauvre veuve, il se cache pour le faire comme un coupable, et préférerait presque laisser entendre qu'il entretient avec elle des relations non avouables.

(1) Robert Burton, *Anatomy of Melancholy* (éd. 1845), p. 14.
(2) Shakespeare, *I Henry IV*, acte II, sc. 4.

Le nom de *Bramble* n'est pas choisi au hasard. *Bramble*, c'est la ronce. On peut dire de l'humoriste ce qu'on disait de Jules Ferry : c'est un rosier qui a ses fleurs en dedans et ses épines au-dehors. Au XXe siècle, voulant personnifier cet aspect de l'âme anglaise, M. André Maurois reprendra et le type et le nom de Bramble. Mais si son taciturne colonel possède le *sense of humour* au plus haut degré, il serait difficile, dans notre langue actuelle, de dire que c'est un humoriste.

C'est que le plus fuyant des mots, à peine accroché à une réalité, se dérobe. Au moment où le *humorist*, pleinement conscient de lui-même, se dégage des concepts médico-philosophiques et incarne enfin de façon fidèle un des vieux rêves de l'âme nationale, l'humour a déjà choisi un autre destin.

Chapitre III

L'ÉLABORATION INTELLECTUELLE

I. — L'attitude fondamentale

Après la Révolution de 1688, l'Angleterre, qui s'éveille à un nouveau nationalisme, se livre à une orgie de définitions. L'époque est raisonneuse. *Humour* est, bien entendu, un des premiers mots auxquels se heurtent les hommes de théâtre. Ben Jonson, en effet, bien plus que Shakespeare, sert de modèle à la comédie de la Restauration. Et encore s'agit-il souvent d'un Ben Jonson vu à travers Molière, c'est-à-dire assez éloigné de l'authentique tradition nationale. Dryden, Shadwell, Congreve ne font que répéter une leçon bien apprise : l'humour est une extravagance... l'humour est un biais de l'âme... l'humour est une manière singulière d'agir ou de parler...

Malheureusement, il est clair qu'à cette époque, le mot *humour* en est venu à signifier tout autre chose. D'abord l'idée de comique lui est définitivement associée, mais non de n'importe quel comique. L'intuition shakespearienne d'un rire masqué par un air triste, donc d'un rire volontaire, intelligent, supérieur en qualité, a fait son chemin. Il devient, en tout cas, impossible de prétendre que l'humour est une disposition naturelle sur laquelle l'individu n'a aucun empire, sans quoi, bien sûr, on n'en discuterait pas tellement.

Comme tant d'autres, la nécessaire mise au point a été faite par le *Spectator*. C'est dans le numéro du 10 avril 1811 qu'on la trouve sous la signature d'Addison :

> Le défunt M. Shadwell [...] montre dans une de ses pièces un noceur sans cervelle très surpris d'apprendre qu'il n'y a aucun humour dans le fait de briser des vitres. Je ne doute pas que bien des lecteurs anglais seront tout aussi surpris de m'entendre affirmer que bien de ces œuvres incohérentes ou délirantes qui circulent parmi nous sous des titres extravagants ou chimériques, sont les produits de cerveaux dérangés plutôt que des œuvres d'humour (1).

Quand on songe qu'au XVIe siècle un *humour* est précisément *a distempered brain* (que nous traduisons par « cerveau dérangé »), on mesure tout le chemin parcouru depuis Ben Jonson. Désormais, l'extravagance, l'excentricité gratuite qui avait été la forme originale de l'humour, se trouve exclue de sa définition. Cela ne l'empêchera pas de prospérer encore longtemps dans la littérature anglaise : nous la retrouverons au XIXe siècle dans le *nonsense*. Un de ses chefs-d'œuvre sera, en 1756, la *Life of John Buncle Esq.*, de Thomas Amory.

Dès lors, la boutade de Falstaff prend toute sa signification : l'humour vrai demande une tête froide, donc sérieuse. C'est un mauvais comédien qui rit pour faire rire. Et Addison d'ajouter :

> De même que le vrai humour a l'air sérieux, tandis que tout le monde rit autour de lui ; le faux humour rit tout le temps, tandis que tout le monde a l'air sérieux autour de lui (2).

Cinquante ans plus tard, cette loi fondamentale

(1) ADDISON, *The Spectator*, n° 35 (10 avril 1711).
(2) *Ibid.*

de l'humour reçoit la consécration en quelque sorte officielle de l'esthétique empiriste. En 1762, dans ses *Elements of Criticism*, Henry Home, *alias* Lord Kames, écrit :

> Le vrai humour est le propre d'un auteur qui affecte d'être grave et sérieux, mais peint les objets d'une couleur telle qu'il provoque la gaîté et le rire (1).

C'est poser indirectement le problème esthétique que Diderot traitera quelques années plus tard dans *Le paradoxe sur le comédien*. C'est affirmer que l'humour efficace est une construction *volontaire*, une « composition », proposée au public par un artiste conscient, et non une façon de sentir, de voir les choses, *subie* par l'humoriste. Dans la même page, Home distingue d'ailleurs clairement l'humour littéraire *(in writing)* de l'humour vécu *(in character)*. C'est du premier seulement qu'il entend s'occuper, éclaircissant ainsi un malentendu vieux de trois quarts de siècle.

II. — Humour actif et humour passif

On a dû remarquer, dans ce qui précède, que l'évolution sémantique du mot *humour* se caractérise par un glissement vers l'objectivité. Pour Ben Jonson, on *est* un *humour*. Pour Addison, on *a* un *humour*. Pour Home, on *fait* du *humour*. Les nuances ne sont d'ailleurs pas tellement claires à l'esprit des contemporains, et il serait facile de montrer que, dans la citation d'Addison que nous avons faite plus haut, subsiste en filigrane l'acception jonsonienne. De même, Home, un peu plus loin dans le passage que nous citons, envisage, comme par une sorte de remords, le cas de l'écri-

(1) Lord Kames (Home), *Elements of Criticism*, Londres, 1762, p. 161.

vain qui serait un humoriste *in character*, dans la vie réelle, et chez qui l'humour *in writing*, en littérature, serait une manifestation involontaire du tempérament.

Mais toutes ces hésitations n'empêchent pas le fait que la généralisation du terme *humorist* à la place du jonsonien *humour* indique, au début du XVIIIe siècle, la conscience croissante d'une attitude systématique, donc volontaire. Seul subsiste, au fond, le débat entre l'humour qu'on *a* et l'humour qu'on *fait*. Il s'agit de savoir si l'humoriste est *passif*, c'est-à-dire s'il subit une excentricité qui lui est propre, ou s'il est *actif*, c'est-à-dire s'il montre les effets d'une excentricité calculée.

Après 1760, la cause est entendue dans l'usage : c'est le second sens qui l'emporte. Un texte de 1744 permet de situer, aux abords de cette date, le moment où l'éclatement sémantique s'est produit. Ce texte figure dans un ouvrage de l'obscur polygraphe Corbyn Morris, intitulé *An Essay towards fixing the True Standards of Wit, Humour, Raillery, Satire and Ridicule*. On y trouve la distinction suivante :

Un Homme d'Humour *(Man of Humour)* est un homme capable de représenter avec bonheur un personnage faible et ridicule dans la vie réelle, soit en l'assumant lui-même, soit en le faisant représenter par une autre personne, d'une façon si naturelle qu'on pourra, pour ainsi dire, toucher du doigt les bizarreries et les faibles les plus extravagants du personnage.

Un Humoriste *(Humorist)* est une personne de la vie réelle, obstinément attachée à des bizarreries particulières de son propre cru, bizarreries qui sont visibles dans son tempérament et dans sa conduite.

Bref, un Homme d'Humour est un homme capable de représenter et de révéler avec bonheur les bizarreries et les faibles d'un Humoriste ou d'autres personnages (1).

(1) Corbyn MORRIS, *An Essay towards fixing the True Standards of... Humour*, Londres, 1744, p. 13.

Corbyn Morris a été plus clairvoyant dans l'analyse des idées qu'heureux dans sa terminologie puisque, on l'a compris, il appelle humoriste ce que nous appelons maintenant excentrique, et homme d'humour ce que nous appelons humoriste.

Ce chassé-croisé n'enlève rien au mérite de Corbyn Morris. Grâce à lui, nous voyons le mot *humour* prendre un chemin qui va l'éloigner définitivement de ses origines nationales. En effet, la vision de Corbyn Morris, contemporain de Voltaire, est celle, pour ainsi dire « extérieure », d'un homme dont les habitudes intellectuelles subissent plus fortement l'influence de la France classique et raisonneuse que celle de la vieille Angleterre, provisoirement méprisée. Ignoré dans son propre pays, Corbyn Morris n'eut guère d'audience qu'auprès du très francisé Horace Walpole. Si les circonstances s'y étaient prêtées, il aurait pu trouver un écho en France, car son analyse préfigure assez exactement l'idée qu'on se fera en France, puis en Europe, de l'humour et des humoristes, à cela près que seul subsistera — sous le nom d'humoriste — celui que Corbyn Morris appelle le *Man of Humour*.

Quant au *Humorist* de Corbyn Morris, il continue à vivre en Angleterre. C'est « l'homme qui a le sens de l'humour », *the man with a sense of humour*, et il constitue la partie intraduisible, inexportable, du phénomène de l'humour, celle qui restera à jamais inaccessible aux étrangers. Il est, à proprement parler, le produit du Réflexe anglais dont parle Stephen Potter.

L'humour esthétique, au contraire, est susceptible d'un langage universel. C'est donc lui qui aura, à partir des dernières années du XVIIIe siècle, la fortune mondiale dont aurait pu, dans des circonstances plus favorables, bénéficier l'humour caractériel au temps de Ben Jonson. C'est ici que commence l'histoire de l'humour au-delà de ses frontières natives, mais c'est l'histoire d'un humour déraciné, séparé de ses sources vivantes.

Nous en sommes arrivés à cette ultime phase de l'élaboration intellectuelle où l'esprit se heurte à l'irrationnel et où il n'y a d'autre ressource que d'offrir, comme l'*Encyclopaedia Britannica* en 1771, un choix arbitraire entre la piste de la chose et la piste du mot : *fluid* ou *wit*, humeur ou esprit.

Nous savons ce qu'est l'humeur, mais qu'est-ce que le *wit* ?

III. — « Wit » et « humour »

Dans le n° 35 du *Spectator*, que nous avons cité plus haut, Addison donne la généalogie suivante :

1711

> La Vérité fut la fondatrice de la famille et engendra le Bon Sens. Le Bon Sens engendra l'Esprit [*Wit*], qui épousa une dame d'une branche collatérale, nommée Gaîté, dont il eut un fils : l'Humour. L'Humour est donc le plus jeune de cette illustre famille, et, descendant de parents aux dispositions si différentes, il est de tempérament ondoyant et divers. On le voit parfois prendre des airs graves et des allures solennelles, parfois faire le désinvolte et s'habiller avec extravagance, de sorte qu'il paraît quelquefois sérieux comme un juge, d'autres fois farceur comme un saltimbanque. Mais il tient beaucoup de sa mère, et quel que soit son état d'âme, il ne manque jamais de faire rire la compagnie (1).

Nous avons cité tout le passage car, vu sa date, il se tire avec une merveilleuse habileté des contradictions inhérentes à la notion d'humour. Ce n'est peut-être qu'une pirouette, mais il n'est pas prouvé que la pirouette ne soit pas la meilleure façon de résoudre le problème de l'humour.

Retenons en tout cas la filiation : l'Humour est

(1) Addison, *loc. cit.*

fils du *Wit* et de la Gaîté. Au siècle suivant, Thackeray dira : du *Wit* et de l'Amour (1). La différence n'est pas si grande qu'on pourrait croire car, bien qu'il n'en ait peut-être pas encore tout à fait conscience, la gaîté d'Addison, fille du bon sens, est plus sentimentale que froidement rationnelle. Un peu plus loin, énumérant les traits du Faux Humour (qui, lui, a pour mère le rire, et non la gaîté), il a ce « cinquièmement » caractéristique :

> Cinquièmement : n'étant capable de rien que de parodier, sa façon de ridiculiser est toujours personnelle, et vise l'homme ou l'écrivain vicieux, non le vice ou l'écrit (2).

Il est donc bien clair que le vrai humour est une forme d'esprit qui exclut l'argument *ad hominem*, donc la méchanceté. On peut discuter pour savoir si cette bienveillance est un trait spécifique de la « chose » humour. Il est indéniable qu'elle s'attache au mot dans son usage anglais.

Il n'en est pas de même du *wit* qui n'a pas de coloration affective ou morale et qui reste purement intellectuel. Dans un autre numéro du *Spectator*, Addison oppose le Vrai Esprit, fondé sur un rapprochement d'idées, au Faux Esprit, fondé sur un rapprochement de mots. Pour le Vrai Esprit, il cite la définition de Locke :

> L'esprit consiste surtout dans l'assemblage des idées, dans leur rapprochement rapide et varié qui permet de découvrir entre elles ressemblance et congruence, afin d'évoquer des tableaux agréables et de plaisantes visions à l'imagination.

Quant au Faux Esprit, il en dit ceci :

> Le Faux Esprit consiste surtout dans la ressemblance et la congruence quelquefois de simples lettres, comme dans les

(1) Voir Las Vergnas, *Thackeray*, pp. 330-337.
(2) Addison, *loc. cit.*

anagrammes, chronogrammes, lipogrammes et acrostiches, quelquefois de syllabes comme dans les rimes en écho et les vers de mirliton, quelquefois de mots, comme dans les calembours et quolibets, quelquefois même de phrases et de poèmes entiers... (1).

On est tenté de reconnaître là ce qui, en Espagne, au Siècle d'Or, séparait le conceptisme (recherche de pensée) du cultisme (recherche d'expression). La chose est d'autant plus vraisemblable que le *wit* anglais est l'équivalent (et sans doute la traduction) de l'*ingenio* espagnol. Ben Jonson, contemporain de Góngora, était lui-même un *University wit*, un « bel esprit ». Ainsi se vérifie la paternité proclamée par Addison.

Le *wit* (faux ou vrai) est la forme anglaise de cet esprit de recherche intellectuelle ou formelle qui se manifeste dans toute l'Europe au lendemain de la Renaissance, entre le milieu du XVIe et le milieu du XVIIe siècle, et dont relève en Angleterre le pseudo-humour verbal affecté par Samuel Butler dans *Hudibras* (1663-1678), d'où son nom de « style hudibrastique ». Il fait, lui aussi, partie du « baroque ». Il en est même probablement la forme la plus consciente. Ce qu'on devait appeler plus tard l'humour, au contraire, est né sur la terre anglaise. Cette manière d'être, de voir et de comprendre, venue des profondeurs des corps et des âmes, a reçu du *wit* sa formulation. Elle s'en est ensuite détachée pour vivre sa vie propre. Mais, au XVIIIe siècle, l'humour, trop chargé de significations contradictoires, s'est scindé. La partie vitale, viscérale — le *sense of humour* — s'est détachée de la partie intellectuelle, consciente, esthétique, celle que depuis lors le monde entier appelle l'humour.

(1) ADDISON, *The Spectator*, n° 62 (11 mai 1711).

Et cet humour s'est trouvé en position très délicate devant le *wit*, trop proche de lui pour s'en distinguer aisément, trop prisonnier encore de son autre moitié pour accepter de se confondre avec lui.

C'est pourquoi jamais ne se terminera le débat esprit-humour. Molière avait-il de l'esprit ? Voltaire avait-il de l'humour ? Questions oiseuses. Retenons seulement de la généalogie, proposée par Addison, que l'esprit est père de l'humour et que, donc, l'humour c'est l'esprit avec quelque chose en plus. Ce que nous confirme cette remarque de Congreve, finalement la plus saine de toutes celles qui ont été faites sur la question : « Tous les gens d'esprit ne sont pas humoristes, mais tous les humoristes sont gens d'esprit (1). »

(1) Voir à ce sujet l'exposé de M. Dulck dans le *Bulletin du Centre d'Etudes de Littérature générale de Bordeaux*, fasc. VII, séance du 13 février 1959 : *Humour et ironie*. Nous devons à M. Dulck plusieurs des données utilisées dans ce chapitre.

Chapitre IV

GRANDEUR ET DÉCADENCE DE L'HUMOUR ANGLAIS

I. — L'âge d'or

L'âge d'or de l'humour anglais, celui qui est encore sa jeunesse et déjà sa maturité, se situe au XVIIIe siècle. De Swift à Smollett, c'est-à-dire de 1690 à 1770, il n'est pas d'aspect de la vie nationale qu'il ne touche en quelque façon. C'est ce que nous appellerions maintenant un humour « engagé ». L'équivoque de ses origines, la fluidité de ses définitions lui donnent une compétence universelle face au monde, à la société et à l'individu.

La vieille alternance de l'âme anglaise entre la morosité masque de l'amour et le sourire masque de l'amertume, entre l'optimisme triste et le pessimisme gai, se développe maintenant à la pleine lumière de la conscience en une dialectique de la satire qui met en cause et les hommes et les dieux. Les dosages varient à l'extrême, bien que la nature du produit ne change guère. Swift, le premier et le plus grand des humoristes, est de ceux qui portent leurs épines en dehors et leurs roses en dedans. Pour déceler sa profonde générosité, il faut vaincre l'obstacle de son impitoyable ironie, génératrice d'un tel désespoir métaphysique, d'un tel dégoût de l'univers humain qu'on se demande parfois si la folie qui assombrit les dernières années de Swift n'en est pas la conséquence ou, ce qui serait plus grave, la cause. Pourtant on lui fait confiance. Son humour, écrit-il, « est fait pour tourmenter l'humanité plutôt que pour la divertir » (1), mais c'est qu'il croit ce harcèlement nécessaire pour empêcher le Yahoo de s'endormir dans sa fange. Vers la fin de sa vie littéraire, il écrivait dans son épitaphe :

> Peut-être dois-je reconnaître que le Doyen
> Avait la veine un peu trop satirique...
> Mais il n'y eut jamais de malice dans ses intentions (2).

On prendra acte de la déclaration, avec prudence toutefois, car en lisant *Les voyages de Gulliver*, on aura souvent bien du mal à déceler le clin d'œil complice.

Chez Goldsmith, à l'autre extrémité de la gamme humoristique, le clin d'œil se multiplie, au contraire, en œillades indiscrètes et larmoyantes, comme il convient, un demi-siècle après Swift, à l'Age de la Sensibilité. Dans *Le vicaire de Wakefield*, ce qu'il faut deviner sous l'inlassable bienveillance, c'est l'amertume inavouée, la méfiance de l'homme, l'anti-humanisme à la Rousseau. Prenant part à la controverse *wit-humour*, Goldsmith a une parole un peu cryptique, mais inquiétante s'il faut vraiment la traduire ainsi :

> L'esprit élève la nature humaine au-dessus de son niveau ; l'humour joue le rôle inverse et la déprime d'autant (3).

Plus fidèles à la tradition jonsonienne, plus « classiques », d'autres humoristes ne cherchent ni à

(1) Lettre à Pope du 29 septembre 1725.
(2) Vers écrits en 1731.
(3) GOLDSMITH, *Inquiry into the Present State of Polite Learning*, 1759, p. IX.

heurter, ni à réconforter la nature humaine : ils se contentent de l'observer avec le sourire. Le roman a détrôné la comédie comme moyen d'expression, mais les principes esthétiques restent les mêmes : il s'agit de montrer des personnages que domine un trait de caractère et de les placer dans des situations telles que ce trait les mette comiquement en porte-à-faux par rapport aux autres personnages et à l'action. Là aussi, il y a toute une gamme de nuances entre le coup de crayon du dessinateur malin qui croque sans méchanceté, et le coup de plume acéré du caricaturiste qui souligne impitoyablement le détail grotesque.

Fielding repousse la caricature. Il veut donner à la comédie cet équivalent narratif que l'épopée est pour la tragédie, et la comédie à laquelle il songe est héritière directe de celle de Ben Jonson. Il est tellement étranger à la conception « vitale » de l'humour qu'il n'envisage même pas de représenter de vrais excentriques. Ses personnages humoristiques seront des vaniteux ou des hypocrites :

> La seule source de vrai ridicule est (à mon sens) l'affectation [...]. Or l'affectation provient d'une de ces deux causes : la vanité ou l'hypocrisie (1).

En réalité, les personnages principaux de *Joseph Andrews* et de *Tom Jones* ne seront pas tous des « tricheurs » : il y aura aussi des naïfs, et ce ne seront pas les moins divertissants. Mais il est clair que Fielding envisage l'humour en moraliste, et il n'y a rien de surprenant à cela, puisque, magistrat, il exerça longtemps des fonctions comparables à celles d'un commissaire de police de quartier. A ce métier devenir moraliste est la seule façon de rester honnête.

(1) FIELDING, *Joseph Andrews*, 1742, Préface.

Smollett, lui, était médecin. Aussi son point de vue est-il tout différent. Sa vision de l'humanité est clinique, et non morale. Il retrouve ainsi l'atmosphère native de l'humour. *Peregrine Pickle*, par exemple, commence par une véritable fiche médicale sur le père du héros, M. Gamaliel Pickle. Quant à la première phrase de *Humphrey Clinker*, c'est le début d'une lettre de l'irascible (parce que goutteux) Matthew Bramble à son médecin.

Smollett ne dédaigne pas de jouer lui-même les *humorists* au sens que Corbyn Morris donne à ce mot. Rapportant, en 1766, ses impressions de voyage en France, il se compose, à des fins humoristiques, un personnage d'Anglais en proie à ses humeurs :

> Vous savez, Madame, que nous sommes naturellement taciturnes, peu enclins à supporter l'impertinence et fort sujets à des accès de mélancolie (1).

Deux ans plus tard, le ton du *Voyage sentimental*, de Sterne, est plus spontané. C'est que Sterne, lui, est un véritable excentrique : son humour n'est ni philosophique, ni social, il est individuel. C'est un humour qui appartient à la lignée des humeurs variables, fantasques, volatiles. Sterne lui donne un nom : *sentiment*. Il y a, en effet, un parallélisme remarquable entre l'éveil des *humours* au XVIe siècle et l'éveil de l'émotion au XVIIIe. En fait, on assiste à toute une éclosion de termes — *sentiment*, *sensibility*, *feeling* — autour d'une humeur prédominante qu'on cherche à définir. Et la preuve qu'il s'agit bien d'une humeur au sens médical est que le nom qu'on lui donne est un nom anatomique : *spleen*, c'est-à-dire la rate hippocratique, siège de la mélancolie.

(1) SMOLLETT, *Travels through France and Italy*, 1766, Lettre VII.

Mais Sterne n'est pas un mélancolique comme les autres. Il porte en lui l'héritage séculaire du *wit* humaniste, de la conscience lucide, de l'intelligence agile, et cet aspect de lui-même joue en contrepoint avec son émotion dans cet extraordinaire mais parfois indéchiffrable monument de l'humour : *Tristram Shandy*. Son humour, le *shandyism*, est fondé sur une violation systématique de la convention littéraire qui mélange inextricablement en des digressions dissolvantes le monde fictif de l'œuvre et le monde intérieur de l'auteur. C'est là l'héritage de Sterne. Mais, folie du cœur et folie de la tête, forme extrême à la fois de l'humour et du *sense of humour*, le *shandyism* est resté inimitable.

En effet, au moment où Sterne écrit, le divorce entre l'humour et le *sense of humour* est déjà presque chose accomplie. Il nous reste à suivre leurs destins respectifs.

II. — Destin du « sense of humour »

Le Dr Samuel Johnson, dictateur des lettres anglaises pendant un demi-siècle, est le type de l'homme dont l'humour fut une attitude et non un art. Ses œuvres sont compassées, mais elles révèlent cette fraîcheur d'âme, cette acuité d'observation et d'intuition qu'on retrouve dans ses fameuses réparties. Ces dernières nous ont été transmises à la fin du siècle par son secrétaire Boswell, un autre maître du *sense of humour*... du moins quand il s'agit des autres, car ses journaux intimes, récemment publiés, prouvent qu'il se prenait lui-même fort au sérieux. En réalité, c'est le couple Boswell-Johnson qui a le *sense of humour*, non les individus, car chacun fournit à l'autre le décalage entre deux natures contradictoires, nécessaire à la prise de conscience humoristique. Leur lucidité est mutuelle. Seul leur dialogue est divertissant, leurs monologues sont ennuyeux.

C'est avec lui-même que dialogue l'homme qui a vraiment le *sense of humour*. Enfermé dans sa solitude, bavard à la cantonade, fécond sur les pages d'un journal intime, il ne dispose guère que de l'essai pour se manifester littérairement. Et peut-être est-il temps de dire maintenant que notre ondoyant et divers Montaigne est, dans la littérature française, l'unique mais prestigieux exemple d'un homme ayant le sens de l'humour à l'anglaise.

Montaigne nous conduit à Charles Lamb, et Lamb est, dans la littérature anglaise, l'unique mais prestigieux exemple d'un essayiste possédant un talent artistique à la hauteur de son *sense of humour*. Il reconnaît, dans ses *Essays of Elia*, sa dette envers Robert Burton et les autres *humours* excentriques du XVIIe siècle, Thomas Browne et la duchesse de Newcastle. Opposant son goût à celui de sa cousine Brigitte, il écrit :

> Les fluctuations du destin dans le roman — et presque dans la vie réelle — ont cessé de m'intéresser, ou bien n'agissent plus que faiblement sur moi. Les *humours* et les opinions bizarres... les têtes avec un grain de folie amusante... les étrangetés des auteurs, voilà ce que j'aime (1).

Il est bien séduisant de suivre Lamb dans son exploration amusée de l'étrange, surtout quand il sait le découvrir et le savourer dans les plus humbles des expériences quotidiennes : nul ne peut apprécier vraiment la saveur exquisement insolite d'un cochon de lait rôti sans s'y être préparé par la lecture du morceau de bravoure que Lamb a consacré à ce régal. Mais — c'est le ver dans le

(1) LAMB, *Essays of Elia*, 1820-33, *Mackery End*.

fruit — le passage que nous avons cité contient ce qui sera la mort du *sense of humour* : l'indifférence aux événements *même dans la vie réelle.* Comme Montaigne, Lamb s'enferme dans sa tour. Il n'aura que trop d'imitateurs. Le fait est qu'en cette époque de laideur industrielle, d'âpreté au gain, d'amertume sociale, la tentation est grande, pour qui en a les moyens, de rechercher l'abri d'une tour. Le fait est aussi que les tours ne manqueront pas dans la société victorienne : confort cossu des antiques universités où l'humour est le luxe d'une érudition de dilettantes, franc-maçonnerie de la *public school education* qui fait du réflexe humoristique le signe de reconnaissance des vrais *gentlemen*, des futurs *sahibs* de l'Empire, pénombre auguste des grands clubs aristocratiques où des messieurs graves, dans des fauteuils de cuir, lisent *Punch.*

Punch fut fondé en 1841 et poursuit encore sa carrière. On peut lire dans sa collection la navrante histoire sociale du *sense of humour.* On y trouve au passage d'excellents auteurs comme Douglas Jerrold qui, dans les débuts du journal, fut l'humoriste de la vie conjugale avec les fameuses *Mrs Caudle's Curtain Lectures* (1846), ou comme Sir Allan Herbert qui, sous la signature de A. P. H., fut entre les deux dernières guerres l'humoriste du bon langage et donna à la grave justice anglaise ses « tribunaux comiques » dans *Misleading Cases* (1927) et autres recueils. Mais il est inutile de nier que l'atmosphère générale du *Punch* est celle d'un conformisme bien élevé qui en arrive à faire de l'humour comme une exigence de l'éducation. Il conserve dans ses pages ce sourire figé qui est tout ce qui reste de l'optimisme ruisselant dont dégoulinait la bourgeoisie (grande et petite) de l'époque édouardienne. Il faut croire que l'industrie britannique avait découvert le secret de la fabrication industrielle du sens de l'humour, ce rare produit d'âmes exceptionnelles, car toute une génération a baigné dans ses flots. Stephen Potter s'en souvient avec nostalgie :

> Il y avait certainement de pires endroits où grandir qu'un monde où tous les yeux étaient censés pétiller et où toutes les bouches étaient déterminées à sourire (1).

Il y en avait certainement de meilleurs, ainsi que les Anglais devaient s'en rendre compte après 1940. Mais, fort heureusement, ce conformisme par le sourire n'était pas tout l'humour — si même il était encore de l'humour.

III. — La tradition littéraire

Il nous faut maintenant retourner à la fin du XVIIIe siècle, au moment où se produit la renaissance éphémère du théâtre anglais. A partir de 1775, Sheridan ramène sur la scène la tradition jonsonienne dont nous avons vu, chez Fielding, l'épisode romanesque. Son humour est moins profond que celui de Fielding car, purement littéraire, il ne repose pas sur un *sense of humour*, mais il dispose des ressources techniques infiniment plus riches de la comédie. On peut dire que l'humour de Ben Jonson se réalise en Sheridan comme, en un sens, l'humeur de Chaucer s'était réalisée en son presque contemporain, Lamb (2).

Les noms des personnages de *The School for Scandal* montrent bien qu'il s'agit d'authentiques *humours* jonsoniens : Teazle, Surface, Bumper, Backbite, Careless, Snake, Crabtree, Sneerwell,

(1) Stephen POTTER, *op. cit.*, p. 28.
(2) On pourra, quand elle sera publiée, consulter à ce sujet la thèse de M. Jean DULCK sur *Sheridan*.

Candour. Ils sont construits autour d'un trait de caractère, et c'est ce trait de caractère qui les « situe » comiquement par rapport à l'action. Comme le désire Fielding, ces portraits ne sont pas des caricatures méchantes, car Sheridan est bienveillant pour ses victimes. Il l'est même trop, et il vient un moment, à le lire, où l'on s'aperçoit que son optique se limite au monde des salons et que sa critique sociale est bien moins efficace que celle des romanciers ses prédécesseurs. On ne peut s'empêcher d'éprouver un sentiment de futilité qui finit par assigner des limites au rire. L'humour se « désengage ».

Quand, avec Dickens, le roman prend à nouveau le relais du théâtre défaillant, le dégagement continue, malgré les apparences. Le langage de Dickens fait d'abord illusion, car les temps ont changé. Fielding travaillait dans un décor signé Hogarth. Les illustrateurs de Dickens s'appellent Seymour ou Cruikshank, et sur eux pèse la succession des terribles Rowlandson et Gillray, les cruels caricaturistes contemporains de la Révolution française.

Il y a donc une violence de caricature dans le langage humoristique de Dickens, mais on retrouve aisément chez lui le jeu classique des *humours* avec sa mécanique un peu gratuite. Tout l'arrière-plan humanitaire des romans de Dickens compte moins que sa création de personnages excentriques placés comiquement en porte-à-faux avec la société où ils vivent. Mais, à la différence des romanciers du XVIIIe siècle, il ne participe pas lui-même au jeu. Son humour, tout extérieur, ne trouble ni son confort intellectuel, ni son confort sentimental. Grâce à lui, dit Stephen Potter :

Le mot « humour » devait bientôt acquérir son acception moderne — c'est-à-dire *quelque chose qui provoque un amuse-*

ment paisiblement analytique — la capacité immédiate de ressentir cet amusement (1).

On voit ici l'humour littéraire rejoindre à notre époque le *sense of humour*, mais il le rejoint dans une atmosphère toute différente de celle du XVIIIe siècle. Le mot important est « paisible » *(quiet)* : l'inquiétude métaphysique délibérément voulue par Swift n'est plus qu'une légère et souriante amertume chez Sheridan et un scrupule sentimental chez Dickens. Maintenant, elle disparaît tout à fait — du moins en apparence, car nous verrons ailleurs que si l'on sonde le cœur de l'humoriste, on découvre que toute l'inquiétude est encore là.

Les héritiers de Sheridan sont les brillants esthètes de salon dont la comédie étincelante, d'Oscar Wilde à Noel Coward, fait sourire avec distinction la bonne société sous Edouard VII et George V. Les personnages humoristiquement caractérisés de *The School for Scandal* se retrouvent chez eux fort bien conservés et à peine défraîchis par un siècle de garde-robe.

De même les personnages dickensiens vont hanter des générations d'humoristes qui arriveront à établir entre eux une merveilleuse mécanique du rire dont le chef-d'œuvre est, en 1889, *Trois hommes dans un bateau*, de Jerome K. Jerome. Trente ans plus tard, c'est encore la même faune sheridano-dickensienne, mue par les mêmes mécanismes, qui évolue dans les irrésistibles romans de P. G. Wodehouse, à qui il faut reconnaître le mérite d'avoir rajeuni à la fois l'emploi du valet comique, le personnage du maître d'hôtel britannique et le *humour* jonsonien du flegmatique en la personne de l'inimitable Jeeves.

(1) Stephen POTTER, *op. cit.*, p. 26.

C'est à un dessinateur de *Punch* qu'on peut demander le couronnement de cette tradition plus qu'estimable : Pont, qui a publié entre les deux guerres une série de dessins intitulée : *The British Character*, sorte de récapitulation graphique de tous les thèmes utilisés par l'humour du roman et de la comédie en Angleterre, en même temps que charmant catalogue des *humours* dominants de la race.

Le seul défaut de cette floraison de chefs-d'œuvre est que leur gratuité philosophique et sociale, leur soumission au conformisme ambiant, leur interdit, le temps du sourire passé, toute postérité. Ils sont une fin de civilisation.

IV. — Folies du cœur et folies de la tête

Le *shandyism* est mort avec Sterne, mais ses folies subsistent. Il en est une qui entrera dans la mixture romantique : celle du cœur.

Pour la première fois, il nous faut quitter la Grande-Bretagne. Un contemporain de Mme de Staël et des frères Schlegel, se déclare, en Allemagne, humoriste. C'est Richter, surnommé Jean-Paul. Il emploie le terme d'humour et le commente en 1804, dans sa *Vorschule der Aesthetik*, mais, dès ses premières œuvres, il s'est révélé comme un héritier de Sterne. Sa digression est à la fois profonde et fantaisiste, elle met en cause l'univers, elle fait, en contrepoint, rire et pleurer, elle ébranle la bonne conscience du classicisme weimarien. Mais il lui manque cette critique intellectuelle toujours en éveil qui est la forme « shandyiste » du *wit*, cet irrespect systématique du monde et de soi-même qui sauve Sterne de la lourdeur. Jean-Paul prend au sérieux son manque de sérieux, et c'est un péché qui ne pardonne pas chez un humoriste. Peut-être a-t-il manqué à Jean Paul d'être en même temps un Heine, peut-être lui a-t-il été nuisible de vivre vingt ans avant son époque et d'être trop tôt venu dans un monde où Musset, lui, vint trop tard.

En Angleterre, au contraire, Byron est arrivé en son temps, mais l'humour n'est qu'un aspect de sa riche personnalité. A peine sensible dans *Childe Harold* et ses premières œuvres (les plus connues), il s'épanouit librement dans *Don Juan*. Sa gamme est très étendue, puisqu'elle va de la conventionnelle « gaîté mélancolique » (1) jusqu'à la plus délirante des fantaisies verbales à la manière de Butler. Le plus souvent, Byron tient un juste milieu entre le burlesque et la mélancolie, grâce à des digressions aussi fantasques que celles de Sterne, mais plus maîtresses d'elles-mêmes. C'est d'ailleurs cette maîtrise qui fait de l'humour byronien une simple étape dans la vie intellectuelle et affective d'un homme qui entendait se vouer à l'action.

Byron n'a pas été compris et son humour a été dérobé aux yeux de ses contemporains, puis de sa postérité par l'épais et lourd manteau du byronisme, ce déguisement dont il eut l'imprudence de se laisser affubler par une société conformiste bien incapable de supporter la triomphante lumière de son irrespect et de sa lucidité.

Le byronisme engendre ce désenchantement dont Musset, en France, s'est fait l'interprète et qui retrouve les accents de Jean Paul. En Angleterre, l'héritier de Jean Paul est Carlyle, tout imbu de culture germanique. L'humour de Carlyle, dans *Sartor Resartus*, procède de l'humour de Byron comme le tirage positif procède du cliché négatif. C'est un anti-humour. C'est-à-dire que Carlyle *uti-*

(1) BYRON, *Don Juan*, chant VIII, st. 89.

lise l'attitude et la vision du *humorist*, alors qu'il est tout juste le contraire, il joue avec les restes des doutes sentimentaux qui ont hanté sa jeunesse alors que, depuis bien longtemps, il a opté pour l'idée fixe de l'affirmation universelle, en un mot, il écrit comme si sa folie était du cœur alors que, si folie il y a, elle est de la tête.

C'est pourquoi le véritable successeur et de Sterne et de Byron n'est pas Carlyle, mais Thackeray. L'humour de Thackeray possède bien cette double nature *(wit and love)* qui est la marque du genre, et d'autre part, c'est bien un produit du désenchantement post-romantique. Comme Sterne, comme Jean Paul, comme Byron, Thackeray est un praticien expert de la digression. Enfreignant systématiquement la convention littéraire, il intervient dans le jeu des acteurs de *Henry Esmond* ou de *Vanity Fair* comme un montreur de marionnettes qui passerait la tête par l'entrebâillement du rideau. On retrouve chez lui les traits esquissés des humoristes du XVIIIe siècle, qu'il a contribué à révéler et à définir dans ses conférences de 1851 (1). Il est ironique comme Swift, attendri comme Goldsmith, moralisant comme Fielding, réaliste comme Smollett. Mais sa fantaisie véritable s'exprime dans le fameux *Book of Snobs*. Il est aussi difficile de définir un *snob* que de définir l'humour (2). C'est qu'un *snob* est précisément un *anti-humour*, un homme dépourvu du *sense of humour*, de la conscience comique de son personnage et qui se fabrique trop sérieusement un personnage de pacotille. Ici la fantaisie de Thackeray se déchaîne et nous conduit vers ce que M. Las Vergnas

(1) Publiées sous le titre de *The English Humorists of the Eighteenth Century*.

(2) Voir l'introduction de l'édition Aubier du *Book of Snobs*, par R. Las Vergnas, pp. 40-42.

appelle la loufoquerie (1) et qui n'est autre que la réduction comique du monde à l'absurde.

L'absurde — en anglais le *nonsense* — est le point d'aboutissement de l'humour sternien quand la folie de la tête prend définitivement la place de la folie du cœur. Deux ans avant le *Book of Snobs*, en 1846, Edward Lear a publié son *Book of Nonsense* et planté une graine qui va bientôt foisonner. La raison pure prend sa revanche. Bientôt Edward Charles Dodgson, *alias* Lewis Carroll, va, sous les boucles blondes et le front pur d'Alice, camoufler son angoisse rationnelle de mathématicien.

Il devient difficile maintenant de suivre la piste de l'humour, car le mot perd ses droits dans ces régions dangereuses. On la retrouvera beaucoup plus tard, quand, dominant la crise de la raison, le surréalisme créera une esthétique de l'absurde. Alors, c'est hors d'Angleterre qu'on réinventera, rose ou noir, l'humour inquiétant qu'à la fin du siècle dernier annonçaient en France les vrais héritiers du *nonsense* britannique : Alphonse Allais, Alfred Jarry, Georges Fourest.

Mais ceci est une tout autre histoire.

V. — Le renouveau

La décadence de l'humour anglais, entre 1900 et 1940, est due à un excès de confort intellectuel. C'est la conséquence d'un siècle d'optimisme de commande. La société victorienne, solidement insulaire, anglo-saxonne et anglicane, avait sécrété autour d'elle une carapace de conformisme. L'humour ne pouvait lui revenir que par effraction d'une autre terre, d'une autre race, d'une autre religion.

(1) *Ibid.*, p. 36.

Illustration du manuscrit original d'*Alice au Pays des Merveilles*, de Lewis Carroll

Illustration par J. Tenniel du même épisode
dans la première édition d'*Alice au Pays des Merveilles*

Fig. 2. — Du *nonsense* à l'humour bien élevé

Emigrant en Amérique, les Pères Pèlerins avaient, à leur insu, emporté avec eux à bord du *Mayflower* les germes de l'humour. Ils mirent plus de deux siècles à percer jusqu'à la littérature, mais longtemps avant l'Indépendance un *sense of humour* (qui n'est d'ailleurs pas encore de l'humour) colore parfois le puritanisme de la Nouvelle-Angleterre. Il y a dans l'introspection puritaine, la recherche du péché caché, une conscience de soi qui, à la longue, est génératrice d'humour.

Un peu partout des formes d'humour très diverses naîtront en Amérique de situations variées : la *tall story* des frontières de l'Ouest, rodomontade épique qui n'est pas sans rapport avec le « gab » des preux de Charlemagne, l'impassible ironie des proverbes indiens, la bonhomie souriante du folklore noir, l'inlassable tendresse humaine des Quakers, et même le snobisme de l'humour qui fait que dans la société américaine plus encore que dans la société anglaise, avouer un manque de *sense of humor* (avec un o) est avouer une coupable infirmité. Mais toujours cet humour se teinte de puritanisme, et lorsque après la Guerre de Sécession, Mark Twain résumera tout l'humour d'un continent, il se déclarera résolument engagé dans la prédication :

> Il y a des gens qui disent qu'un roman doit être seulement une œuvre d'art, qu'on n'y doit ni prêcher, ni enseigner. C'est peut-être vrai pour les romans, mais ce n'est pas vrai pour l'humour. L'humour ne doit pas faire profession d'enseigner, ni de prêcher, mais il doit faire les deux s'il veut vivre éternellement. Quand je dis éternellement, je veux dire trente ans... J'ai toujours prêché, aussi il y a trente ans que je dure. Si l'humour venait à moi de lui-même et sans que je l'invite, je l'acceptais dans mon sermon, mais je n'écrivais pas le sermon pour le plaisir de faire de l'humour (1).

(1) Cité par E. B. White, dans *A Subtreasury of American Humor*, 1945, d'après de Voto, *Mark Twain in Eruption*.

On voit tout ce qui sépare Mark Twain des mécaniciens du rire que sont devenus les humoristes bien élevés d'Angleterre, frères de Jerome K. Jerome et de P. G. Wodehouse. Le compagnon d'escapades de Tom Sawyer, l'ouvrier typographe, le pilote du Mississippi, le chercheur d'or, le journaliste se soucie fort peu du confort intellectuel de ses lecteurs. Mais aucune des leçons qu'ont enseignées les grands maîtres du XVIIIe siècle n'est oubliée. Il y a du Sterne, du Smollett et du Fielding dans ce voyage sentimental d'excentriques Américains en Europe qu'est *Innocents Abroad*. Il y a aussi chez Mark Twain beaucoup de la sombre métaphysique swiftienne.

Moins d'un demi-siècle plus tard, dans une Amérique civilisée et urbanisée, le *New Yorker* devient, en 1925, le porte-parole d'un humour raffiné, parfois légèrement *highbrow* (nous dirions « très parisien »), mais qui conserve toutes les vertus de la sève. Pendant les trente années qui suivent, à comparer la collection du *New Yorker* à celle du *Punch*, on peut suivre l'histoire d'une réanimation : celle de l'humour anglais par l'oxygène américain. La supériorité du *New Yorker* sur le *Punch* n'est pas encore une question résolue, mais la dette est certaine, ne serait-ce que parce que l'amour-propre des humoristes anglais a été réveillé par la concurrence du *New Yorker*, comme en témoigne, au lendemain de la deuxième guerre mondiale, ces remarques aigre-douces de l'humoriste britannique Michael Barsley :

Le style *New Yorker* est devenu le bâton (fort léger et souple) avec lequel on rosse l'humoriste britannique, apparemment à la traîne. La sous-alimentation et l'héroïque isolement de la guerre n'expliquent pas tout : le mythe du *New Yorker* existait avant la guerre. Thurber, Benchley, Peter Arno,

Ogden Nash, Runyon : ces noms sont un roulement de tambour. Mais l'obligation où je me suis trouvé de parcourir nos propres livres et magazines a été une expérience réconfortante. Il n'y a pas tellement à envier dans le *New Yorker*, si ce n'est la publicité en couleurs (1).

Les cinq noms que cite Barsley sont, en effet, les plus grands de l'humour américain depuis un demi-siècle. Le lecteur français connaît surtout celui de James Thurber, père du célèbre mythomane Walter Mitty, dont l'humour a quelque chose de Jean Cocteau et quelque chose de Robert Lamoureux, mais il lui est arrivé certainement, sans le savoir sans doute, de rencontrer au détour d'une page quelque savoureuse et poétique remarque d'Ogden Nash ou quelque inquiétant dessin de Peter Arno, aux limites du cauchemar.

Aux noms de l'école américaine, il faut ajouter celui d'un génial isolé, le professeur canadien d'économie politique Stephen Leacock, mort en 1944. Spécialiste d'une science humaine, Stephen Leacock a humanisé la tradition du *nonsense* au point d'en faire un véritable langage universel de l'absurde. L'humour d'après-guerre dans la plupart des pays du monde lui doit beaucoup, et l'on peut considérer ses *Literary Lapses* (1910) comme un des textes de base du rire contemporain (2).

Mais, sur le sol même de l'Angleterre, deux contemporains de Leacock, rompant avec le rire bien élevé d'une bourgeoisie finissante, rendent à l'humour la dignité de l'engagement. Le socialiste anglo-irlandais Bernard Shaw en fait une arme de la révolution, le catholique franco-anglais Chester-

(1) Michael Barsley, *The Phoenix Book of Wit and Humour*, 1949, p. 10.
(2) Voir notamment *A, B, C, ou l'élément humain en mathématiques*, dont P. Daninos a publié une traduction dans *Tout l'humour du monde.*

ton en fait un attribut de Dieu. Shaw et Chesterton (ou, si l'on préfère les désigner par les initiales qu'ils ont immortalisées, G. B. S. et G. K. C.), si différents par ailleurs, ont en commun un humour fondé sur l'exercice systématique de l'irrespect. Leur excentricité, leur *humour* est un bon sens poussé au-delà de ses propres limites et qui envahit les régions dangereuses, mais fabuleusement riches du paradoxe. Des deux, le plus efficace fut Chesterton, et la preuve en est que les Anglais font des efforts pitoyables, mais vains, pour l'oublier.

La preuve en est aussi, peut-être, que le seul grand humoriste anglais de l'entre-deux-guerres, Evelyn Waugh, est un catholique. Les vents croisés d'Amérique, d'Irlande et de Rome ont définitivement balayé les derniers restes de respectabilité victorienne. L'humour de Waugh, toujours théologique, comme celui de Chesterton, va tout droit aux sources de Swift puiser une cruauté vivifiante, et utilise l'arme puissante du désespoir métaphysique pour susciter un rire qui encourage, ennoblit et sauve.

La deuxième guerre mondiale fit le reste, ainsi que le conte Stephen Potter :

La légèreté plaisante commença à devenir moins acceptable avant et pendant les années de guerre. L'humoriste le plus brillant de cette période, Osbert Lancaster, est un satirique. Nos autres humoristes ont senti, ou auraient dû sentir, leur sourire bêtifiant de jovialité se figer sur leurs lèvres sous le regard glacial et même intimidant du *New Yorker* dont certains, avec plus ou moins de succès, ont essayé d'imiter la tradition anti-sentimentale. Le génie, purement anglais pourtant, de Giles reflète cette réaction par l'austérité soigneuse de ses arrière-plans et par sa façon amusante de remplacer, dans ses dessins d'enfants, les gentils-gentils petits garçons par de vilains-vilains petits morveux pleins de boutons. Ce changement d'attitude convient particulièrement au sérieux profond de Ronald Searles. Au rêve éveillé et au décor de maison-de-campagne-de-mes-rêves de la vieille plaisanterie aristocratique de style *Punch*, il substitue le cauchemar de ses écolières de St. Trinian. Tout récemment, sous l'influence d'un nouveau rédacteur en chef, le caractère de *Punch* a repris le chemin de ses origines et retourne à un genre de satire plus mordante et moins aimable, qui frappe à la racine sans être

Fig. 3. — Le cauchemar des écolières de St. Trinian de Ronald Searle

révolutionnaire. La génération actuelle de poètes et de philosophes a remis l'humour à la place qui lui revenait, et l'impression générale est que le changement a été salutaire, qu'il a constitué une amélioration. « Il a tellement le sens de l'humour », est une phrase qu'on entend maintenant bien moins souvent ; prise comme éloge, elle est devenue nettement suspecte (1).

(1) Stephen Potter, *op. cit.*, p. 42.

L'humour est loin d'être mort en Angleterre. Au contraire, il y renaît, mais ce n'est plus l'humour *anglais*, exclusivement anglais, inimitable et unique. Au cours du dernier quart de siècle, la piste du mot se ramifie et se divise à l'infini vers tous les horizons du monde. L'humour va couvrir de son autorité et de son prestige les formes du rire les plus raffinées et les plus grossières, les plus exotiques et les plus familières, mais du même coup il les colore d'une subtile lueur de philosophie qui est son éclairage propre. Il se découvre au passage des cousins insoupçonnés, des collatéraux inouïs, et à chacun il donne, pince-sans-rire, un brin d'accent anglais.

CHAPITRE V

TOUT L'HUMOUR DU MONDE

I. — La rencontre du mot et de la chose

En lisant les chapitres qui précèdent, on a pu constater que, par la plupart de ses aspects, l'humour n'est pas un phénomène spécifiquement britannique. Ailleurs, il porte simplement d'autres noms. Nous avons signalé le cas particulier de Jean Paul qui revendique sa parenté avec l'humour anglais, mais on trouverait, hors de toute influence anglaise et dans toutes les littératures, des auteurs à qui s'appliquerait fort bien le nom d'humoristes : Boccace en Italie, Cervantes en Espagne, Grimmelshausen en Allemagne. Quant à la France, de Villon à Marot, de Rabelais à Molière, de Voltaire à Musset, il serait aisé d'y reconstituer une tradition du rire ou du sourire parallèle à celle de l'humour anglais, et on ne pourrait l'en distinguer que par des subtilités verbales ou des définitions byzantines.

La différence, à vrai dire, est qu'il faudrait *reconstituer* cette tradition, alors qu'en Angleterre elle est consciente. C'est que, depuis le XVIe siècle, le mot *humour* a constamment accompagné le phénomène, lui donnant une cohérence sinon rationnelle, du moins empirique, et le liant à un phénomène tout aussi empirique, d'ordre à la fois psychologique et social.

Il a donc fallu, pour qu'un humour vraiment universel apparaisse et prenne conscience de soi, que deux conditions soient réalisées. La première était que le terme d'humour fût accepté et compris dans d'autres pays que l'Angleterre : cela prit plus d'un siècle. La seconde était qu'une communauté de langage et d'expérience au moins rudimentaire s'établît dans le monde et fît naître la conscience d'une réalité psychologique et sociale commune, base de tout humour : ce fut l'œuvre, depuis quarante ans, des moyens de communication rapides et des moyens de diffusion audio-visuelle. Grâce à eux, il n'y a maintenant plus d'humour spécifiquement insulaire parce que grâce à eux il n'y a plus d'îles.

II. — La compréhension du mot

Nous ne suivrons la fortune du mot *humour* que dans un seul pays, la France, où, ainsi que nous l'avons noté, l'existence du doublet « humeur » confère un intérêt particulier à l'exemple. Mais le schéma est, avec des différences surtout chronologiques, à peu près le même dans les autres pays.

Le mot entre, ou plus exactement rentre dans la langue vers 1725. Il faut l'érudition de Voltaire pour savoir qu'il a déjà existé en ce sens sous sa forme « humeur » et en dénier aux Anglais le monopole :

Ils ont un terme pour signifier cette plaisanterie, ce vrai comique, cette gaîté, cette urbanité, ces saillies qui échappent à un homme sans qu'il s'en doute ; et ils rendent cette idée par le mot humeur, *humour*, qu'ils prononcent *yumor*, et ils croient qu'ils ont seuls cette humeur, que les autres nations n'ont point de terme pour exprimer ce caractère d'esprit ; cependant, c'est un ancien mot de notre langue employé en ce sens dans plusieurs comédies de Corneille (1).

Mais si Voltaire connaît les emplois d' « humeur » faits par Corneille, il ignore tout de ce que les Anglais savent sur l'humour depuis Addison, c'est-à-dire depuis un demi-siècle. Il en est encore à l'humour involontaire du temps de Dryden ou de Congreve et ne signale pas ce qui, dès cette époque, est considéré comme le signe caractéristique de l'humour : le ton sérieux dissimulant la plaisanterie.

L'année même où Voltaire écrit ce qui précède, en 1762, le *Dictionnaire de l'Académie* admet « humoriste », mais comme mot dérivé d'humeur, non d'humour. L' « humoriste » est d'abord un médecin partisan de la théorie des humeurs et, ensuite seulement, un *humorist* au sens proposé par Corbyn Morris.

Ce sens est « dans l'air » puisque, la même année encore, en 1762, Diderot présente dans *Le neveu de Rameau*, un *humorist* tout à fait conforme à la définition de Corbyn Morris. Au reste, Diderot est, dans tout le XVIIIe siècle, l'auteur français qui, sans employer le mot, ait eu de l'humour une conscience claire. Il suffirait de modifier à peine le *Paradoxe sur le comédien*, pour en faire un paradoxe sur l'humoriste.

Cependant, il faut attendre la fin du siècle pour que le mot d'humour, comme tant de mots-clefs de l'époque, soit élucidé par Mme de Staël :

La langue anglaise a créé un mot, *humour*, pour exprimer cette gaieté qui est une disposition du sang presque autant que de l'esprit ; elle tient à la nature du climat et aux mœurs nationales ; elle serait tout à fait inimitable là où les mêmes

(1) VOLTAIRE, *Mélanges littéraires*, Lettre à l'abbé d'Olivet, du 21 avril 1762.

causes ne la développeraient pas. [...] Il y a de la morosité, je dirais presque de la tristesse dans cette gaieté ; celui qui vous fait rire n'éprouve pas le plaisir qu'il cause. L'on voit qu'il écrit dans une disposition sombre et qu'il serait presque irrité contre vous de ce qu'il vous amuse. Comme les formes brusques donnent quelquefois plus de piquant à la louange, la gaieté de la plaisanterie ressort par la gravité de son auteur. [...] Ce que les Anglais peignent avec un grand talent, ce sont les caractères bizarres, parce qu'il en existe beaucoup parmi eux (1).

Malgré un certain désordre dans l'exposé, il faut admirer le caractère exhaustif de l'analyse : tout y est, depuis les humeurs du sang jusqu'au contenu philosophique, depuis le *sad brow* jusqu'à l'excentricité, mais Mme de Staël pense surtout à l'humour objectif de Swift, de Fielding, de Smollett — ce sont, d'ailleurs, les auteurs qu'elle cite. En cela elle est très femme du XVIIIe siècle. Trente ans plus tard, Philarète Chasles, homme de la génération romantique, prend plutôt pour exemples, dans son excellent article du *Dictionnaire de la conversation et de la lecture*, les « fous du cœur » de la lignée de Shakespeare (Hamlet et Jaques), de Sterne, de Jean Paul, de Lamb et de Byron (2).

Il n'est pas beaucoup plus avancé que Mme de Staël, puisque *humour* reste pour lui un mot étranger et un produit exclusif de l'Angleterre. Trente ans plus tard encore, Taine ne dira pas autre chose et paraphrasera Shakespeare : « La plaisanterie d'un homme qui, en plaisantant, garde une mine grave (3). » L'année même où paraît l'*Histoire de la littérature anglaise* de Taine, Littré admet « humour » dans son *Dictionnaire*. C'est une audace, et le terme, signalé comme un néologisme non admis par l'Aca-

(1) Mme de STAËL, *De la littérature*, Ire Partie, chap. XV.
(2) Ph. CHASLES, *Dictionnaire de la conversation et de la lecture*, 1832, *sub* Humour.
(3) H. TAINE, *Notes sur l'Angleterre*, p. 344.

démie française, est donné pour un « mot anglais qui signifie gaieté d'imagination, veine comique ». Cependant, si Littré fournit la prononciation anglaise *(iou-meur)*, il précise que « quelques-uns prononcent à la française : *u-mour* », ce qui indique un début de nationalisation.

En effet, la France aborde alors sa deuxième grande vague d'anglomanie littéraire (moins bien connue que celle du XVIIIe siècle, mais tout aussi puissante). Cette vague intéresse les mouvements symboliste et naturaliste. De plus, elle inclut l'Amérique, avec Edgard Poe et Mark Twain.

En 1878, l'Académie française admet « humoristique » tout en ignorant encore « humour », ce qui l'oblige, dans sa définition, à des acrobaties verbales qui prouvent bien que le mot est devenu nécessaire. L'année suivante, Edmond de Goncourt l'emploie sans italiques et comme un mot français à part entière dans *Les frères Zemganno*.

On peut donc dire qu'à partir de 1880, le mot « humour » est entré dans la langue. L'Académie française l'admettra en 1932, simplifiant ainsi considérablement les définitions d' « humoristique » et d' « humorisme » qui, en tant que genre littéraire, remplace « humoriste ». Remarquons ici par parenthèse que le français n'a pas sur ce point suivi l'exemple de l'italien avec son *umorismo* et que dans notre langage actuel le mot « humour » couvre l'ensemble du genre. Mais il lui a fallu un certain temps pour en arriver là.

III. — Maturité de l'humour

C'est à propos des caricaturistes qu'Edmond de Goncourt parle d'humour, et c'est à eux d'abord que le mot s'applique. L'âge de la caricature entre en son été. Le printemps avait commencé en 1830 avec Daumier dans *La Caricature*, puis *Le Charivari* de Philipon. En 1841, le sous-titre de *Punch* est *The London Charivari*. Après 1848, la presse satirique devient pour les peuples en effervescence une arme de combat et les imitateurs se multiplient : il y a un *Punch* à Copenhague et un *Punsch* à Munich, auquel répond le *Kladderadatsch* de Berlin. En Italie *Il Fischietto* de Turin, puis le *Papagallo* de Bologne, accompagnent le *Risorgimento*. La caricature va même inquiéter la pieuse Espagne dans *El Motin* et l'autocratique Russie dans *Strekoza*. Mais la capitale de la caricature est Paris où, après Daumier, après Gavarni, vient la prestigieuse génération de la fin du siècle : Forain, Willette, Caran d'Ache et bien d'autres.

L'humour satirique passe de la caricature dessinée à la caricature parlée ou chantée des chansonniers. Les grandes querelles, du Boulangisme à l'Affaire Dreyfus, en passant par le scandale de Panama, lui fournissent un merveilleux aliment. Une littérature spécialisée apparaît, de Courteline à Alphonse Allais.

De cet énorme foisonnement, une partie importante de l'humour caricatural se détache et se « désengage » progressivement pour aller prendre le relais du comique de colportage, de la plaisanterie d'almanach, devenue insuffisante pour satisfaire des masses dont le niveau culturel ne cesse de monter. Le clichage sur zinc industrialise le dessin humoristique comme la presse à bon marché et bientôt la radio industrialisent l'anecdote humoristique de music-hall ou de cabaret. Ainsi se crée, après 1918, ce stock mondial sans cesse accru de plaisanteries où dessinateurs et conteurs puisent, ajoutent selon les besoins et les circonstances. On voit s'y dessiner des genres : la *shaggy dog story*, l'histoire de fous, etc. Un peu avant la deuxième guerre mondiale, Pierre Dac et ses collaborateurs de *L'os à moelle* arrivent même à acclimater en France le loufoque, équivalent continental du *non-sense*. Ce n'est souvent que de l'humour fonctionnel, de la mécanique à rire, mais l'âme des peuples s'y reflète aussi parfois de manière saisissante.

Cependant l'humour « engagé » subsiste. Son bastion le plus glorieux est, à Paris, *Le Canard enchaîné*, le seul journal humoristique, sans doute, qui ait authentiquement enrichi sa langue maternelle et obligé ses adversaires au respect. Les lois ne peuvent rien contre cet humour. Quel que soit le régime politique, il marque par sa présence la maturité d'un peuple. Aux deux extrêmes de l'échelle politique, Madrid a la *Codorniz* et Moscou le *Krokodil*. Ni l'un, ni l'autre ne pourraient s'en passer.

Cette valeur transcendante de l'humour est précisément ce que découvre le XXe siècle à son aube. La critique positiviste lui consacre plusieurs études, dont on trouve l'essence dans l'article de M. Cazamian, cité plus haut. Bergson lui donne une véritable consécration dans *Le rire*, en 1899 — encore que l'allusion reste occasionnelle.

Mais ce ne sont pas les philosophes, ce sont les poètes qui ouvriront enfin toutes grandes les portes de la pensée à l'humour. Comme il arrive toujours, quand on considère le Janus humoristique, certains verront son sourire alors que d'autres rechercheront l'ombre de sa philosophie noire.

Max Jacob est des premiers, qui le définit ainsi : « Une étincelle qui voile les émotions, répond sans répondre, ne blesse pas et amuse (1). » C'est retrou-

(1) Max Jacob, *Conseils à un jeune poète*, p. 81.

ver le sens social de l'humour, non plus au niveau superficiel des automatismes, des réflexes (comme chez les Anglais de Stephen Potter), mais de façon créatrice, en profondeur, comme un moyen d'exorciser les angoisses de l'homme social moderne. Ainsi, les convulsions de 1914-1918 suscitèrent-elles en Tchécoslovaquie l'humour d'un Jaroslav Hasek et en Allemagne celui d'un Erich Kästner (1).

En France, pays plus heureux, où la montée des inquiétudes fut plus lente, le sens de l'humour teinte l'œuvre de nombreux écrivains. C'est quelquefois un humour d'origine anglaise, bien élevé et un peu systématique, comme celui d'André Maurois. C'est aussi l'humour intellectuel du canular tel que le pratique Jules Romains. C'est l'humour plus tendu d'hommes qui, comme Jean Giraudoux, portent en eux la double grâce de l'intelligence et de la sensibilité : le sourire un peu amer de *La guerre de Troie* qui, la guerre ayant lieu, se transformera demain en une sorte de défi au désespoir. C'est enfin le nouvel humour poétique qui, balayant les vulgarités du music-hall, anime la chanson, de Charles Trénet à Jacques Prévert, et contre lequel nulle horreur concentrationnaire ne prévaudra.

L'humour maintenant atteint sa pleine stature. Dans l'*Anthologie de l'humour noir*, André Breton peut le définir comme « une révolte supérieure de l'esprit » (2). C'est un humour, en effet, que cette révolte de l'absurde qui ébranle les certitudes millénaires. Le Caligula d'Albert Camus est un excentrique dans la tradition des *humours* anglais, mais sa folie du cœur et de la tête met en cause un univers. Et Jean-Paul Sartre affirmant que

(1) Jaroslav Hasek est l'auteur de *Le brave soldat Chveik* (1920), et Erich Kästner de *Emile et les détectives* (1928).

(2) A. Breton, *Anthologie de l'humour noir*, préface, p. 11.

l'existentialisme est un humanisme aurait pu aussi bien (et peut-être plus efficacement) dire que l'existentialisme est un humour.

Philosophie de l'existence, l'humour s'éveille aussi après la deuxième guerre mondiale comme un genre littéraire universel. Il n'est plus spécifiquement anglais. Les trois *best-sellers* du genre sont un Hongrois naturalisé Britannique, George Mikes, un Italien monarchiste, Giovanni Guareschi, et un journaliste français, Pierre Daninos. L'humour, d'ailleurs, reste fidèle à sa nature, et chacun, sous l'aspect plaisant de ses propos, se livre à un exorcisme. Le démon qu'exorcise Mikes est celui de l'exil, de l'oppression, du mépris : prenant à bras-le-corps son propre destin de *displaced person*, il lui fait faire un tour de valse cocasse et enseigne « à être un étranger » — *how to be an alien* (1). Guareschi s'attaque au démon bicéphale de la division de l'humanité en deux blocs hostiles et prêts à se détruire : sous la lutte manichéenne de son curé de choc, Don Camillo, et de son bulldozer communiste, Peppone, il révèle la réalité réconfortante (un peu trop peut-être) d'une amitié d'homme à homme. Quant à Daninos, c'est le démon familier du peuple de France qu'il exorcise par le calme regard du Major Thompson et qu'il désarme en l'appelant par son nom : « La France est divisée en 43 millions de Français (2). » Le personnage du Major Thompson, imago d'Epinal tirée d'une littérature éculée, irrita tellement les Anglais qu'ils se mirent à lui ressembler.

L'humour moderne est sociologique. L'histoire

(1) *How to be an alien* est le titre du premier livre de MIKES sur l'Angleterre. Il a été traduit en France avec *How to Scrape Skies* sous le titre de *Drôles de gens* (Hachette, édit.).

(2) P. DANINOS, *Les carnets du Major Thompson*, p. 47.

est un de ses domaines de prédilection. Déjà, en 1931, Sellar et Yeatman avaient « désacralisé » l'histoire d'Angleterre dans *1066 and All that*. Une génération plus tard, Jean Duché a rendu le même service à l'histoire de France. Désormais, tous les dieux sont menacés : l'Armée par l'Allemand Helmut Kirst, la Science par l'Anglais George Gamow, le Commerce par le Français Jean Dutourd, l'Administration par l'Anglais Northcote Parkinson (1).

La Religion semble encore indemne. Espérons pour ceux qui tiennent à elle qu'elle ne le restera pas longtemps, sans quoi elle mourra. Dans notre monde tendu jusqu'au point de rupture, il n'est plus rien qui puisse survivre à trop de sérieux. L'humour est l'unique remède qui dénoue les nerfs du monde sans l'endormir, lui donne sa liberté d'esprit sans le rendre fou et mette dans les mains des hommes, sans les écraser, le poids de leur propre destin.

C'est là une définition qui en vaut une autre.

(1) Helmut KIRST a retracé les aventures du *Caporal Asch*. George GAMOW est l'auteur d'ouvrages de vulgarisation humoristique qui mettent en scène *Mr. Tompkins*. Jean DUTOURD est surtout connu pour sa satire *Au bon beurre*. Quant au Pr Northcote PARKINSON, il s'est rendu célèbre par sa *Parkinson's Law*, dont la traduction française porte le titre : *1 = 2*.

DEUXIÈME PARTIE

LA CHOSE

Chapitre VI

LA DIALECTIQUE DE L'HUMOUR

I. — Intellectualistes et affectivistes

Tout au long de l'exposé historique qui précède nous avons laissé planer le doute sur la nature de l'acte humoristique. Ce doute délibéré est le reflet des incertitudes rationnelles qui entourent la genèse du concept d'humour. Quand, au XVIIIe siècle, l'analyse intellectuelle a commencé à s'exercer sur le mot, il contenait déjà tant de contradictions, de malentendus, d'équivoques, qu'il était impossible d'assigner à l'humour un domaine de la pensée ou de l'art sans mutiler sa réalité historique.

En dernière analyse, l'incertitude se ramène à ceci : étant entendu que l'humour est un phénomène complexe, est-il surtout affectif ou surtout intellectuel ? Cette question de « coloration » psychologique peut paraître secondaire. Elle est pourtant déterminante. En effet, s'il est affectif, si c'est un mouvement du cœur, l'humour est une manière d'être de l'humoriste et son effet sur les autres hommes n'a d'importance que dans la mesure où il établit entre les autres hommes et l'humoriste un certain type de relations : c'est ainsi que l'entendent, chacun à sa façon, Stephen Potter et Max Jacob dans les citations que nous donnions plus haut (1). Au contraire, si l'humour est intellectuel, si c'est un mécanisme de la pensée consciente, il constitue pour l'humoriste une manière d'agir qui ne met pas plus en cause son personnage intérieur que le drame ne met en cause le personnage intérieur du comédien de Diderot, mais lui donne un pouvoir sur les autres hommes, celui de les forcer au rire et même, dans le cas de certains humours particulièrement ambitieux, de les instruire par le rire.

Autrement dit, quand, dans *Henry IV*, Falstaff parle de *a jest with a sad brow*, une plaisanterie dite d'un air triste, que faut-il entendre ? A première vue, la citation étant détachée de son contexte, cette attitude est très exactement celle de Chaucer : le joyeux et sociable humoriste dissimule sa vraie nature sous un masque morose, mais, le moment venu, la saillie qu'il lance avec un clin d'œil complice, comme une petite lumière dans les ténèbres, révèle sa malice, sa gentillesse et crée entre lui et ses lecteurs un lien affectif.

Par exemple, dans les *Contes de Canterbury*, l'abbesse qui voyage avec les pèlerins raconte un fabliau où Chantecler, pour amadouer son épouse, dame Pertelote, lui conte fleurette en des termes fort vifs et passionnés qui ne laissent aucun doute sur le sérieux de son amour conjugal. Dans un beau mouvement oratoire, il s'écrie :

Quand je vois la beauté de votre visage,
Vous avez tant de rouge écarlate autour des yeux,
Que je vois mourir toutes mes craintes,
Tant il est vrai que *In principio*

(1) Voir plus haut, pp. 26 et 69.

Mulier est hominis confusio.
(Madame, le sens de ce latin est que
La femme est la joie de l'homme et tout son bonheur) (1).

Le clin d'œil complice s'adresse ici à ceux qui, plus savants que Pertelote, comprennent le latin. Ainsi, Burton réchauffe-t-il sa mélancolie en glissant dans une grave remarque sa pointe contre les Jésuites (2).

Or, revenons à la formule de Falstaff. Si nous nous reportons au texte d'*Henry IV*, nous nous apercevons que l'interprétation « chaucérienne » est pour le moins douteuse. Pour Falstaff, la plaisanterie dite d'un air triste n'est qu'un moyen de faire rire le Roi. C'est une technique du rire et ce n'est pas la seule. Falstaff envisage aussi un mensonge (suffisamment gros, évidemment, pour être perçu comme tel) accompagné d'un serment (suffisamment léger pour ne point choquer). L'idée générale est de créer entre le ton et les paroles un décalage qui forcera le rire de l'auditeur. Mais le comportement intérieur de l'humoriste n'est pas en cause. En l'occurrence, il est même certain que Falstaff n'a aucun motif d'optimisme ou de bienveillance : son crédit auprès du Roi est en danger et il déploie toutes ses ressources intellectuelles pour le préserver.

Nous avons là l'humour conscient tel que l'a défini le XVIIIe siècle, Addison en tête. On en trouvera d'admirables exemples dans Swift, notamment ces recettes professionnelles données aux maîtres d'hôtel sur le ton le plus pédagogique du monde :

« Pour bien unir le sel dans la salière, pressez-le avec votre paume humide », ou encore : « Vous n'avez pas besoin d'es-

(1) G. Chaucer, *Canterbury Tales, The Nonnes Preestes Tale*, vers 15166 à 15172.
(2) Voir plus haut, p. 31.

suyer votre couteau pour couper le pain de la table, parce qu'après avoir coupé une ou deux tranches, il se trouvera essuyé de lui-même (1). »

La mécanique du décalage entre le ton et le sens des paroles est plus visible encore quand l'auteur en délègue la responsabilité à un personnage spécialement conçu pour ce rôle comme dans cette conversation imaginée par l'humoriste espagnol contemporain, Antonio de Lara, entre un tailleur misanthrope et son client :

— Combien de jambes au pantalon ?
— Combien de quoi ?
— De jambes, jambes, pour mettre les jambes.
— Je ne sais pas, vous me prenez au dépourvu. On m'en a toujours mis deux, mais si vous croyez qu'il en faut davantage...
— Ça dépend de vous. Ce sont des pantalons pour mettre ou pour emporter dans un paquet ?
— Pour mettre.
— Alors nous mettrons deux jambes pour le moment. Si vous en désiriez d'autres, nous serions toujours à temps d'ajouter. Notez, Garcia : deux jambes au pantalon... C'est bien au pantalon que vous les voulez, n'est-ce pas ?
— Au pantalon, c'est évident.
— Ce n'est pas évident du tout, parce que moi, si vous voulez, je peux vous les mettre au gilet (2) !

On atteint ici les limites de la loufoquerie parce que le procédé est volontairement employé sans atténuation. On y voit à nu cet « arrêt du jugement » dont M. Cazamian, dans l'article que nous avons cité au début de cette étude, fait une pièce maîtresse du mécanisme intellectuel de l'humour.

Intellectualiste résolu, M. Cazamian résume sa

(1) Swift, *Directions to Servants* (1745), chap. 1. Traduction Léon de Wailly dans « Le Livre de poche », *Instructions aux domestiques*, p. 37.
(2) Tono (Antonio de Lara), El Extraño Sastre, dans *Antologia del Humor Español*, Madrid, 1957, pp. 468-469.

position sur l'humour par la formule suivante :

L'humour est un sentiment complexe où un fond comique, produit par la présentation volontairement transposée, et en même temps lucide, de nos idées et de nos sentiments, est très souvent modifié et parfois effacé par une résonance émotionnelle, morale et philosophique, de nuance très variable, produite par une suggestion générale à laquelle contribuent les faits présentés, et les mille signes auxquels se révèle l'attitude intérieure de l'humoriste (1).

Seul le « fond comique, produit par la présentation volontairement transposée, et en même temps lucide, de nos idées et de nos sentiments », qui constitue la « forme » permanente de l'humour (par opposition à sa « matière » variable) est susceptible d'analyse intellectuelle. On notera que la définition du comique est conforme à celle de Bergson pour qui le comique est créé par « du mécanique plaqué sur du vivant » et qui énonce cette règle générale : « On obtiendra toujours un effet comique en transposant l'expression naturelle d'une idée dans un autre ton (2). »

Cette transposition, pour M. Cazamian, est obtenue grâce à « l'arrêt volontaire, c'est-à-dire apparent » d'un de ces « jugements implicites » qui sont, au niveau de « toute perception, même élémentaire », « nos réactions à la vie » (3). M. Cazamian distingue quatre grands types de jugements selon lesquels varie la « matière » de l'humour : jugement de comique, jugement affectif, jugement moral, jugement philosophique.

L'arrêt du jugement de comique est l'acte fondamental de tout humour, mais il y a des humours qui ne sont fondés que sur lui, c'est-à-dire sur le contraste entre l'air imperturbable du narrateur

(1) L. Cazamian, *op. cit.*, p. 628.
(2) H. Bergson, *Le rire*, éd. P.U.F., 1950, p. 93.
(3) L. Cazamian, *op. cit.*, p. 610.

et le caractère comique (déjà par ailleurs) de ce qu'il dit. C'est ce que nous pourrions appeler en France la technique Robert Lamoureux. James Thurber y excelle quand il raconte ses ennuis domestiques :

Quand je considère la longue suite de bonnes que ma mère a employées pendant les années que j'ai vécues avec mes parents, il y en a dix ou douze dont je me souviens (nous en avons eu au total cent soixante-deux, mais peu furent mémorables). Parmi les immortelles, il y eut Dora Godd, petite femme terne de trente-deux ans qui, une nuit, tira un coup de pistolet sur un homme dans sa chambre, jetant la famille dans une panique qui n'eut, je crois, d'égale que celle de la nuit où un fantôme pénétra dans la maison (1).

Cet humour convient particulièrement aux histoires invraisemblables qu'on débite sans sourciller, aux *tall stories* à l'américaine. On le trouve souvent chez Mark Twain ou Alphonse Allais.

L'humour par arrêt du jugement affectif est également très répandu. Il peut intéresser les émotions les plus élémentaires, aussi bien que les sentiments les plus élevés. Un cas extrême est la page de bravoure de Smollett dans *Humphrey Clinker* où le Dr L. disserte médicalement sur la puanteur :

Il affirmait [...] que, lui-même, quand il se sentait déprimé ou fatigué par le travail, il trouvait un soulagement immédiat, sans parler d'un singulier plaisir, à humer le contenu un peu faisandé d'une chaise percée, qu'un domestique remuait sous son nez ; il ajoutait que cela n'avait rien d'extraordinaire, si l'on considère que cette substance contient en abondance les mêmes sels volatils que les malades les plus délicats respirent avidement après qu'ils ont été extraits et sublimés par les pharmaciens (2).

Cet humour de carabin, qui ignore systématiquement les nausées de l'auditoire, a la cruauté bon

(1) J. Thurber, *My Life and Hard Times* (1933), chap. 6.
(2) T. Smollett, *Humphrey Clinker*, Lettre du 18 avril.

enfant de beaucoup d'humours professionnels — médecins, chasseurs, soldats, juges — qui découlent d'une sensibilité émoussée par l'usage. Voici, tiré d'une complainte populaire mexicaine, un exemple d'humour de médecin légiste qui touche à des formes supérieures de la sensibilité :

> La nuit qu'on la tua,
> Rosita avait de la chance :
> De trois balles qu'elle reçut,
> Une seule était mortelle (1).

L'arrêt du jugement affectif n'implique pas forcément un humour noir. En fait, plus du quart des dessins humoristiques qui paraissent dans les journaux en relèvent : on connaît la prédilection des caricaturistes pour les pendus et les naufragés. Un sondage pratiqué sur trois journaux humoristiques français du mois de novembre 1959 révèle 24,10 % de dessins à thème affectivement choquant. Ils se répartissent de la manière suivante :

Accidents .	5,3 %	Maladies .	3,1 %	Misère ..	1,3 %
Violences .	4,9 –	Fisc	2,2 –	Prison ..	1,0 –
Cocus	3,6 –	Attentats .	1,8 –	Veuvage .	0,9 –

L'arrêt du jugement moral conduit à un humour cynique et chargé de causticité. C'est celui de tous les vauriens, de tous les *rogues*, de tous les *picaros* de la littérature, celui de Panurge, celui des héros de Voltaire :

> Je me mariai chez moi ; je fus cocu, et je vis que c'était l'état le plus doux de la vie (2).

Cette conclusion, tout à fait semblable à celle du *Lazarillo de Tormes*, est fondée sur un amora-

(1) *Corrido de Rosita Alvírez* (populaire, circa 1900).
(2) VOLTAIRE, *Histoire du voyage de Scarmentado*.

lisme. Cet amoralisme peut aller, dans certains cas, jusqu'à un immoralisme par inversion des valeurs comme dans le *Buscón*, de Quevedo ou le *Beggar's Opera*, de Gay. P. G. Wodehouse s'en sert brillamment dans la bouche de son personnage Ukridge à la recherche de 10 shillings :

— Je vais mettre un banjo au clou.
— Mais tu n'as pas de banjo !
— Non, mais George Tupper en a un et je sais où il le cache (1).

Dans certaines formes d'humour supérieur, l'arrêt du jugement moral constitue un moyen efficace de substituer à une morale lâche ou hypocrite une attitude plus courageuse et plus vraie. Tel est l'humour du discours aux morts dans *La guerre de Troie*, de Giraudoux, ou l'humour révolté d'un D. H. Lawrence :

Mène ton petit combat, petit garçon,
bats-toi et sois un homme.
Ne sois pas un gentil petit, gentil petit garçon,
aussi gentil que possible,
qui obéit à toutes les bouches enfarinées, bouches enfarinées
des vérités que les malins dévident
pour se protéger et protéger les bouches gourmandes, bouches [gourmandes
de leurs lâchetés, les brutes (2).

Reste l'humour par arrêt du jugement philosophique. M. Cazamian précise qu'il entend surtout par cela « l'abdication apparente de la faculté généralisatrice ». Ramené brusquement à une sorte d'infantilisme mental volontaire, l'humoriste est privé de sortir du concret et du présent, il est prisonnier de la sensation, de l'émotion passagère, comme

(1) P. G. Wodehouse, Ukridge's Accident Syndicate, dans *The Second Century of Humour*, p. 526.
(2) D. H. Lawrence, Dont's, dans *Pansies* (1929).

Sterne dans *Tristram Shandy*. Chez Byron, cette attitude était plus qu'un système : c'était une réalité psychologique. Pierre Daninos raconte, dans *Le carnet du Bon Dieu*, l'histoire d'un homme qui, vivant à l'envers, retourne à l'enfance et y perd la notion du figuré :

> Déjà, quand le journal lui parle de l'admission de la Transylvanie dans le concert des nations, il se figure une immense S.D.N. musicale où les Etats-Unis sont chef d'orchestre et la Grande-Bretagne premier violon. La Grèce joue un petit air de flûte et la Pologne pleure parce que sa partition est déchirée. Et je le vois se demander, en examinant la mention inscrite sur une étiquette de médicament : *En vente dans toutes les bonnes pharmacies*, s'il existe quelque part de mauvaises pharmacies (1).

On voit comment la suspension du jugement philosophique, sapant à la base la confiance dans l'ordre même du cosmos, le réduit systématiquement à l'absurde.

Il est prudent d'arrêter ici, aux portes de la métaphysique, l'analyse de l'attitude intellectualiste. Les exemples que nous avons apportés à l'appui de la théorie de M. Cazamian (car lui-même n'en fournit pas) prouvent que le mécanisme comique qu'il décrit est bien à la base des diverses variétés d'humour. Mais *suffit-il* à produire de l'humour ? En est-il la partie essentielle ? Rappelons que M. Cazamian ne prétend pas définir l'humour et que la transposition volontaire des idées et des sentiments n'en est pour lui que la « forme » esthétique. Est-elle même cela ? A ce compte, tous les simulateurs délibérés, tous les hypocrites, tous les « joueurs de poker », seraient des humoristes. A ce compte aussi, tout rire nerveux traduisant la défense des

(1) P. Daninos, *Le carnet du Bon Dieu* (1948), p. 140.

centres cérébraux supérieurs contre l'absurdité du monde serait une manifestation du sens de l'humour, toute révolte supérieure de l'esprit (pour reprendre l'expression d'André Breton) serait de l'humour.

L'argument est de poids. Il est évident qu'il faut tenir compte des intentions de l'humoriste et de l'état d'esprit dans lequel l'auditeur ou le lecteur accueille ses remarques. Il semble même que ce soit là ce qui différencie l'humour des autres formes de comique. Or, toute la description historique que nous avons faite montre qu'une des constantes de l'humour est la bienveillance des intentions ou tout au moins l'esprit de tolérance. L'humour, à ce compte, tout en utilisant un mécanisme intellectuel comme moyen de provoquer le rire, serait un phénomène essentiellement affectif. D'accord avec la presque unanimité des critiques anglais, se fondant, lui aussi, sur la théorie de Bergson, c'est ce qu'après son maître Angellier, affirme l'angliciste Floris Delattre dans un article non moins connu que celui de M. Cazamian :

C'est transformer le rire en une large et tolérante bienveillance, assez proche même de la charité (1).

L'exemple le plus frappant de ce genre d'humour est évidemment *Le vicaire de Wakefield*. Ce saint homme de vicaire ne dispose, pour transformer en humour son sérieux de naïf bien intentionné, que des armes chrétiennes de l'humilité et de la charité, comme on le voit par exemple dans le fameux passage du portrait de famille :

Le tableau était très grand, et il faut reconnaître que le peintre n'avait pas épargné la couleur, ce qui lui valut de grands éloges de ma femme. Nous étions tous parfaitement

(1) Fl. Delattre, *op. cit.*, p. 307.

satisfaits de son travail, mais un malheureux détail, qui ne nous apparut qu'une fois le tableau terminé, nous frappa de consternation. Il était si grand qu'il n'y avait dans la maison aucun endroit où l'on pût l'accrocher. Comment nous avons pu négliger un point aussi important est inconcevable, mais il est certain que nous étions tous fort coupables. C'est ainsi que le tableau, au lieu de flatter notre vanité, comme nous l'espérions, étant trop grand pour passer par aucune des portes, demeura de la manière la plus vexante appuyé au mur de la cuisine, où la toile avait été tendue et peinte, exposé à la risée de tous nos voisins (1).

Cet exemple suffit sinon à ruiner, du moins à rendre incomplète la théorie de M. Cazamian. Il y a bien une transposition des idées et des sentiments, mais elle est naturelle, elle est due à la naïveté du personnage. Nous savons d'autre part que Goldsmith, homme sensible et *good natured*, n'affecte pas cette attitude. Il est sincère. Ce qui est volontaire, c'est au contraire la discipline morale d'humilité et de charité qui conduit le vicaire à sourire sans amertume au milieu de sa mortification. Et c'est là qu'est l'humour. Dès lors, nous sommes en droit de nous demander s'il n'y a pas lieu de réviser l'analyse des exemples cités plus haut. Qui nous dit que Chaucer, au lieu d'être un joyeux compagnon qui cache son jeu, n'est pas un misanthrope qui s'oblige à la gentillesse ? Qui nous dit que les humoristes ne sont pas hantés par l'absurdité et la cruauté de la vie et n'essaient pas de les vaincre en feignant de croire que la vie est un jeu ? Qui peut sonder les cœurs et les reins des hommes ?

II. — Négation et affirmation

La solution du problème est peut-être que toute vérité est réversible. Déplaçant le point d'observa-

(1) O. Goldsmith, *The Vicar of Wakefield* (1766), chap. 16.

tion (ce qui est toujours « payant ») et étudiant, non l'humour ou le comique, mais « le sérieux et ses contraires », un psychologue, M. Jean Château, en arrive à la conclusion que :

> Tout se passe comme si nous nous trouvions en face de deux mondes différents qui ne peuvent s'accorder l'un à l'autre : un monde sérieux, le monde ordinaire de notre travail, de notre vie de chaque jour, et un monde non sérieux, parcellaire, en contradiction avec le premier (1).

Mais entre le monde sérieux, celui qui est fondé sur les évidences empiriques de la vie quotidienne, dont la plus rassurante est le postulat d'Euclide, et le monde non sérieux des tours du prestidigitateur, des chimères de Don Quichotte ou des pirouettes du pantin, régis par d'arbitraires mécanismes, il n'est pas prouvé que le passage humoristique soit à sens unique. Bergson, argue M. Jean Château, voyait dans le comique « du mécanique plaqué sur du vivant » : n'est-ce pas aussi bien du vivant plaqué sur du mécanique, comme dans le cas des jouets qui parlent ?

Normalement, le passage d'un monde à l'autre se fait par un glissement imperceptible, mais si le « placage » bergsonien, la rencontre des deux mondes est brusque, les deux réalités refusent « d'embrayer » l'une sur l'autre, et l'on sent naître alors ce sentiment d'insécurité, cette angoisse qu'on éprouve quand on se réveille dans une chambre inconnue, quand au sortir du métro on découvre un paysage inattendu, quand un humoriste décale soudain le ton et le contenu de ses paroles ou transpose sans crier gare ses idées et ses sentiments.

Mais, ajoute M. Jean Château, cela ne suffit pas

(1) J. Château, Le sérieux et ses contraires, *Revue philosophique*, octobre-décembre 1950, p. 449.

à créer le rire. Je ne puis rire de mon angoisse que si je m'en détache, si je suis capable, littéralement, de « m'en moquer ». Il faut donc que je ne prenne pas au sérieux l'humoriste qui joue avec ma sécurité, il faut que je *croie* à l'absence de mauvaises intentions chez lui. Ainsi je pourrai, l'esprit dégagé, me regarder trébucher en passant d'un monde à l'autre, et rire. C'est pourquoi le rire (et précisons ici, le rire humoristique) est le propre de l'homme :

Le non-sérieux nous révèle, en effet, une capacité proprement humaine, celle de distinguer les plans d'univers et de glisser de l'un à l'autre (1).

Il en découle qu'après avoir donné raison aux intellectualistes dans le « placage » des mondes, M. Jean Château est amené à donner raison aux affectivistes dans la deuxième partie de son analyse du non-sérieux :

Le non-sérieux peut être amour mutuel, communication. La plaisanterie est un lien social ; elle continue le sourire, ce vestibule de l'humain. Sourire, c'est parfois montrer que l'on n'est pas si sérieux qu'il semble, c'est atténuer les reproches, assurer une communion spirituelle que l'homme trop sérieux ne connaît pas. Sourire, c'est parfois détourner autrui du monde compact des intérêts pour l'appeler à une communion dans le non-sérieux. A plus forte raison, le rire cimente-t-il l'union des rieurs ; il a un rôle social (sinon une source sociale, comme l'a cru à tort Bergson), comme l'humour, ce mixte de sérieux et de non-sérieux (2).

L'allusion finale à l'humour est trop prudente. Il faut maintenant se débarrasser de la superstition terminologique. Entre le rire, phénomène physique, dont certaines formes conscientes accompagnent le non-sérieux défini par M. Jean Château, et l'humour, phénomène complexe, à la fois psychologique,

(1) *Ibid.*, p. 456.
(2) *Ibid.*, p. 457.

esthétique et social, il n'y a pas de frontière très nette. Certains rires sont sans humour et certains humours sont sans rire. Il nous faut donc transcender ces deux concepts trop étroits et envisager tout un ensemble de démarches dont l'ensemble constitue le comportement non sérieux.

Pour cela, nous devrons fausser compagnie à Bergson, et reconnaître dans ce qu'on appelle le rire comme dans ce qu'on appelle l'humour des phénomènes à structure dialectique, comportant une phase critique génératrice d'angoisse, de tension nerveuse, et une phase constructive de détente, de conquête de l'équilibre. L'humour intéressant surtout les régions supérieures (c'est-à-dire conscientes) du rire, sa phase critique est intellectuelle et nous l'appellerons ironie. Sa phase constructive est presque toujours — mais non toujours — affective, et nous la qualifierons, faute d'un meilleur terme, de « rebondissement humoristique ».

Pour illustrer cette dialectique de l'humour, nous prendrons comme exemple la *Modeste proposition* de Swift. C'est un classique : déjà l'*Encyclopédie*, en 1778, la citait dans son article « Humour » comme le modèle de l'humour anglais, sans pouvoir toutefois en tirer une analyse intéressante.

La *Modeste proposition*, dont le titre complet traduit en français est *Modeste proposition pour éviter que les enfants des pauvres d'Irlande soient un fardeau pour leurs parents ou pour le pays, et pour les rendre utiles à la communauté*, est un opuscule que Swift a publié en 1729 (donc trois ans après les *Voyages de Gulliver*), au moment le plus sombre de sa vie, alors que, retiré dans sa cathédrale de Saint-Patrick, à Dublin, il se consacrait définitivement à l'Irlande, mais que montaient déjà autour de lui les ombres qui devaient obscurcir sa raison en peu d'années (1). Le thème en est la plaie séculaire du système agraire irlandais qui maintenait dans un état de misère sordide, une classe immense et prolifique de travailleurs terriens, alors que quelques gros propriétaires anglais se partageaient la richesse et le pouvoir. L'Acte déclaratoire de 1719 avait encore aggravé l'asservissement politique de l'Irlande à l'Angleterre et de terribles famines décimaient périodiquement la population.

La *Modeste proposition* fut écrite avec le propos délibéré d'alerter l'opinion anglaise sur cette situation. L'humour y est donc du type « engagé ». Swift veut faire rire pour faire réfléchir, pour rompre l'indifférence de l'opinion britannique. Peu lui importe donc que ce rire soit spécialement agréable.

Observons d'abord qu'il procède, selon la théorie de M. Cazamian, à un arrêt du jugement de comique en adoptant le ton le plus dénué d'humour qu'on puisse concevoir, celui du professeur d'économie politique. C'est sous la forme d'un traité fort sérieux que se présente l'opuscule. Les « attaques » des paragraphes sont caractéristiques :

Tous les partis tombent d'accord, je pense...

Pour ma part, ayant tourné mes pensées depuis bien des années sur cet important sujet...

La population de ce royaume étant évaluée d'ordinaire à un million et demi, je calcule que sur ce chiffre...

J'ai fait le calcul qu'en moyenne un enfant qui vient de naître pèse 20 livres...

J'ai déjà calculé que les frais de nourriture... (2).

Or, sous ces apparences de science pure, que propose Swift ? Un simple raisonnement d'une logique

(1) On trouvera le texte de la Modeste proposition (Modest Proposal), dans l'*Anthologie de l'Humour*, de D. Escarpit (Hachette, édit.) et une bonne traduction de Léon de Wailly dans le volume de la collection du « Livre de poche » intitulé *Instructions aux domestiques*.

(2) Swift, *Modeste proposition*, trad. Léon de Wailly *passim*.

irréprochable : l'Irlande souffre de trois plaies qui sont le manque de produits alimentaires, la pauvreté de ses habitants et la surpopulation due à la forte natalité de la classe pauvre, donc *il faut que les pauvres vendent leurs enfants comme viande de boucherie*, ce qui fournira une source inépuisable de nourriture, procurera des ressources aux pauvres et fera diminuer la population. Après quoi, Swift continue gravement en donnant force détails techniques : conseils pour l'élevage, recettes de cuisine, organisation des abattoirs d'enfants, etc.

Notons tout de suite que, pour employer la terminologie de M. Cazamian, Swift arrête ici à la fois le jugement affectif, le jugement moral et le jugement philosophique. En fait, il en arrête bien d'autres. Il arrête tout, sauf son idée fixe de manger les enfants, le mécanisme d'une logique purement formelle et le langage scientifique qui lui sert de paravent.

Aussi serait-il peut-être plus conforme à la réalité de substituer aux « arrêts de jugement » proposés par M. Cazamian une démarche du même ordre, mais à la fois plus globale et plus concrète que nous appellerions la « suspension d'évidence ».

Ce que fait Swift consiste simplement à ignorer qu'il est évident qu'on ne mange pas les enfants, tout le reste de son propos étant irréprochable. Mais cette seule évidence étant ignorée, l'ensemble de la vision du monde proposée par Swift devient absurde. Il s'agit de quelque chose d'infiniment plus grave que d'arrêter provisoirement l'exercice d'une faculté mentale : tout se passe comme si l'on enlevait dans une machinerie particulièrement délicate une pièce essentielle (le régulateur d'une montre, par exemple) et qu'on fasse ensuite fonctionner la machine en feignant d'ignorer qu'elle a quelque chose d'anormal. On imagine ce que serait un monde réglé par des montres et des pendules privées de leur régulateur, mais où l'on maintiendrait strictement la discipline de l'heure et les lois de la chronologie.

La démarche est exactement la même que celle des mathématiciens qui remplacent cette évidence qu'est le postulat d'Euclide par un autre postulat et raisonnent ensuite de façon parfaitement rigoureuse. Ils aboutissent ainsi à des univers « absurdes » pour le bon sens où, par exemple, la ligne courbe est le plus court chemin d'un point à un autre. Le choc de ces univers plaqués sur le nôtre provoque d'ailleurs aisément des effets comiques, comme on peut le voir dans les livres de Gamow (1) et dans maints récits de *science fiction* humoristique.

Il est aisé de vérifier cette suspension d'évidence en faisant remarquer que si l'ouvrage de Swift tombait entre les mains d'un membre d'une société cannibale (fort heureusement imaginaire, mais nullement impossible) qui ne posséderait pas notre tabou contre l'utilisation alimentaire des enfants, mais où, au contraire, cette pratique existerait effectivement, notre anthropophage trouverait peut-être l'opuscule de Swift génial, ennuyeux, intéressant ou banal, mais en aucun cas il ne pourrait le trouver comique. Son incapacité à percevoir la suspension d'évidence, et donc la réduction à l'absurde, lui interdirait toute « prise » sur le comique, ou, pour employer la terminologie de M. Château, son monde « embraierait » parfaitement sur celui de Swift et ne lui laisserait aucune issue vers le non-sérieux.

Notons donc tout de suite les trois points suivants sur lesquels il nous faudra revenir plus loin :

1° Le paradoxe ironique, qui est le premier temps

(1) Voir plus haut, p. 72.

de l'humour, est obtenu par la mise en contact soudaine du monde quotidien avec un monde délibérément réduit à l'absurde ;

2° La réduction à l'absurde est obtenue par la suspension volontaire d'une évidence accompagnée d'un comportement mental par ailleurs parfaitement normal et surtout parfaitement logique ;

3° L'évidence suspendue est propre à un groupe social donné et le paradoxe humoristique n'existe que pour les membres du groupe social acceptant cette évidence, ce qui, par parenthèse, explique pourquoi l'humour d'un pays donné est souvent inaccessible aux habitants d'un autre pays.

Il est temps maintenant d'envisager un autre aspect de la question. Notre cannibale supposé n'est pas le seul à être immunisé contre le rire à la lecture de la *Modeste proposition*. Voici une expérience que j'ai souvent faite et qui est à la portée de tout professeur. A un auditoire d'étudiants non prévenus et ne connaissant pas Swift, j'expose le contenu de la *Modeste proposition* en lisant les passages les plus caractéristiques et en résumant le reste de la manière la plus accessible à des auditeurs de notre époque. J'obtiens invariablement un rire général. Alors, sans changer de ton, j'indique que Swift est devenu fou peu de temps après avoir écrit ce texte, je laisse entendre qu'il l'était peut-être déjà quand il l'a écrit (ce qui est exagéré), je rappelle les divers textes (dans *Gulliver* notamment), où apparaît sa phobie des enfants. Toujours sur le ton plaisant, mais sans avoir l'air de douter de la chose, j'exagère ces données et conduis mes auditeurs à penser qu'ils ont affaire à une sorte de fou sadique (que les mânes de Swift me pardonnent !) et qu'en somme ce qu'il écrit est une sorte d'aveu... Et je vois les rires se glacer. En quelques instants tout le monde est sérieux. Si j'essaie alors de citer quelques-uns des détails les moins choquants de la *Modeste proposition* (d'autres bien plus cruels faisaient rire quelques minutes plus tôt), je soulève un concert de protestations.

En somme, le rire n'est possible que si l'auditoire est convaincu que Swift ne parle pas sérieusement. Il faut qu'il suppose à Swift une intention bienveillante, généreuse. Pour cela, il faut que Swift l'y invite, lui lance son « clin d'œil complice ». Ici, Swift lance le clin d'œil d'abord par l'énormité même de sa proposition : plus l'effet est gros, plus le décalage humoristique est visible, moins l'humoriste a besoin de désarmer son ironie. Le pince-sans-rire est volontiers extravagant, alors que le fin comique doit garder le sourire.

Swift appuie ce premier clin d'œil implicite par deux autres procédés. L'un consiste en saillies du type *wit* qui viennent percer par endroits le ton uniformément scientifique de l'exposé :

> J'accorde que cet aliment sera un peu cher, et par conséquent il conviendra très bien aux propriétaires qui, puisqu'ils ont déjà dévoré la plupart des pères, paraissent avoir plus de droits sur les enfants (1).

L'autre clin d'œil est moins perceptible pour le lecteur moderne, mais il était évident du temps de Swift : c'est la référence faite comme autorité sérieuse à la *Description de l'île de Formose*, publiée en 1704, par George Psalmanazar. En effet, depuis 1712, toute l'Angleterre savait que Psalmanazar était un joyeux plaisantin et sa description de Formose une imposture.

Il suffit d'ôter du texte ces quelques détails, de

(1) SWIFT, *op. cit.*, pp. 170-171.

contrebattre l'incrédulité engendrée par l'exagération, et le texte de Swift ne peut plus « rebondir » vers le rire. Il reste enfermé dans l'absurdité qu'il a créée et devient pour le lecteur un objet de scandale, de répugnance ou d'indignation. Autrement dit, il n'y a pas d'indifférence possible devant ce texte : ou bien on se révolte si on le prend au sérieux, ou bien on rit.

Et nous sommes conduits à compléter nos remarques précédentes par trois nouveaux points :

1° La situation créée par la réduction à l'absurde obtenue au moyen du paradoxe humoristique est invivable et appelle un deuxième temps de l'humour qui fasse succéder l'affirmation à la négation ;

2° Ce deuxième temps, qui intéresse surtout la sensibilité, comporte essentiellement un acte de foi, de confiance ou tout au moins de solidarité affective envers l'humoriste et, à travers lui, envers l'ordre du monde que son ironie vient d'ébranler et qu'il a, seul, le pouvoir de rétablir ;

3° L'humoriste invite son lecteur à ce « rebondissement » hors de l'absurde par des indications plus ou moins subtiles, parfois implicites, mais qui, créant une complicité d'homme à homme, ne sont intelligibles que dans un groupe social donné, ce qui impose à l'humour un deuxième niveau de « localisation » humaine.

Tel est le deuxième temps de la dialectique de l'humour.

Chapitre VII

LE PARADOXE HUMORISTIQUE

I. — Nature de l'évidence

Quand deux joueurs d'échecs engagent une partie, ils supposent joués un certain nombre de coups. Cette convention, valable seulement pour ces deux joueurs et pour cette partie, leur évite gestes et calculs inutiles, puisque tous les débuts possibles sont connus et catalogués. Le jeu créateur commence seulement en un point de la partie qui varie selon la force des joueurs. Tout ce qui précède est considéré comme acquis, pour ainsi dire par évidence.

Ce qui est vrai pour une communauté de deux joueurs et pour une partie d'échecs est également vrai pour toute communauté humaine et pour cette partie sans fin qu'est la vie de tous les jours. Les sociétés — nations, groupes culturels, classes, familles, etc. — « sécrètent » des systèmes d'évidences de natures très diverses (intellectuelles, affectives, morales, pratiques), qui sont les « coups joués », les « débuts de partie » de l'existence commune des membres de cette société. C'est ainsi qu'un Français moyen prenant une décision qui engage sa responsabilité morale ne remet pas plus en cause les commandements du Décalogue qu'un écolier ne remet en cause les théorèmes dérivés du postulat d'Euclide pour faire son devoir de géométrie. Il admet par évidence qu'il est mal de tuer ou de voler. Et s'il ne l'admet pas, il encourt une sanction, tout comme l'écolier qui s'aviserait de ne point admettre le postulat d'Euclide. Comme les évidences définissent et cimentent la cohésion du corps social, ce dernier les constitue en une doctrine, une orthodoxie qu'il met en place chez les individus au moyen de réflexes conditionnés et qu'il protège par des sanctions.

Toute vie civilisée serait impossible sans ces automatismes mentaux qui servent de « pilotes automatiques » à notre comportement, tant que les circonstances n'exigent pas une intervention créatrice de la conscience. Il est évident, d'autre part, qu'une société entièrement régie par ses évidences ne serait rien de mieux qu'une termitière incapable de progrès, prisonnière du conformisme étroit de ce que Flaubert appelle « les idées reçues ».

C'est l'humoriste qui brise l'étreinte des évidences, car il est, par vocation, non conformiste. C'est pour cela qu'il est né de l'excentrique, mais, naturel ou délibéré, feint ou réel, essentiel ou accessoire, apparent ou dissimulé, son non-conformisme se traduit toujours par la suspension d'une ou plusieurs évidences dans un comportement par ailleurs normal, c'est-à-dire conforme aux règles du groupe.

La modification d'éclairage qui en résulte entraîne une transposition de la réalité, comme par exemple la transposition chère au fabuliste des hommes en animaux. Cette transposition n'est perceptible que pour le groupe social dont elle viole les conventions — c'est pourquoi les humours sont nationaux, c'est pourquoi l'humour satirique *ad hominem* vieillit plus vite qu'un autre. Mais pour le groupe qui la perçoit (et cela peut être toute l'humanité), son effet est celui d'une réduction à l'absurde. De même, parce qu'il ignore tout des conventions, un novice peut, grâce à son jeu absurde, battre un grand joueur d'échecs.

II. — Naissance de l'ironie

Un novice, dans un groupe social, est un naïf, c'est-à-dire un homme qui, innocent comme un nouveau-né, ignore les évidences qui constituent la « sagesse » adulte. Aussi la naïveté est-elle l'attitude de base de l'humoriste. Les titres de *Candide*, de l'*Ingénu* suffisent à montrer la prédilection de Voltaire pour ce genre d'humour qui est aussi celui de Fielding dans *Joseph Andrews* et de Mark Twain dans *Innocents Abroad*. A notre époque, le Français Paul Guth a réinventé et systématisé le personnage du naïf.

Le naïf par définition est l'enfant de l'âge questionneur dont les curiosités inattendues créent l'humour bien particulier des « mots d'enfants » et suscitent celui des « mots de parents » :

— Papa, pourquoi sont-elles rouges, les prunes noires ?
— Parce qu'elles sont vertes.

C'est ici une évidence linguistique qui est suspendue.

Un autre naïf typique est le touriste étranger qui, ne partageant pas les évidences du pays qu'il visite, en a toujours une vision plus ou moins absurde. Aussi les humoristes utilisent-ils volontiers les yeux d'un voyageur d'outre-frontières pour créer l'ironie : l'exemple des *Lettres persanes* de Montesquieu est le plus connu, celui des *Carnets du Major Thompson*, de Pierre Daninos, un des plus récents.

Stephen Leacock a obtenu d'admirables effets, grâce à une fausse naïveté qui lui permet de suspendre ce que M. Cazamian appelle la faculté généralisatrice. Par exemple, ayant appris qu'un financier a fait fortune « en écrasant les veuves et les orphelins sous ses talons », il se demande s'il ne pourrait pas en écraser quelques-uns pour son compte :

> Mais voilà : comment leur mettre la main dessus ? La plupart des veuves que je connais ont l'air trop solides pour se prêter au jeu. Quant aux orphelins, je suppose qu'il en faudrait vraiment beaucoup. Pour le moment j'attends, et si jamais je trouve un lot assez important d'orphelins, je les piétinerai et je verrai bien. Renseignements pris, il paraît qu'on peut aussi écraser les ecclésiastiques. Ils s'écrasent très bien. Mais peut-être les orphelins sont-ils tout de même les plus faciles à écraser (1).

L'exagération du procédé désarme l'ironie de Leacock, mais cette ironie pourrait aisément devenir aussi féroce que celle de Swift dans la *Modeste proposition*. Le plus swiftien des écrivains français, Marcel Aymé, fonde volontiers sur la naïveté une ironie dévastatrice qui débouche rarement sur l'humour. Ainsi, dans *Le confort intellectuel*, le narrateur (dont l'anti-résistentialisme est celui de Marcel Aymé) raconte qu'à la Libération, en 1944, il fut accusé d'un meurtre crapuleux :

> Je m'accrochai à mon alibi, je protestai aussi qu'un artiste de ma suavité ne tuait pas à coups de marteau, ce qui ne fit qu'indisposer le magistrat instructeur. J'en étais là lorsque, des trois personnes qui témoignaient m'avoir vu dans l'escalier, deux furent arrêtées et envoyées à Drancy. Ces misérables avaient des opinions fascistes. Mon innocence ainsi établie, je redevins un homme fréquentable (2).

(1) Stephen Leacock, Literary Lapses (1910), *How to make a million dollars*.
(2) Marcel Aymé, *Le confort intellectuel* (1949).

On admirera la simplicité et l'efficacité du procédé : l'ingénuité se traduit par une simple prétérition logique avant « Mon innocence ainsi établie », mais cette chiquenaude suffit à réduire à l'absurde toute une conception de la justice.

A cette ironie, pour ainsi dire ponctuelle, on peut opposer l'ironie globale des grandes naïvetés philosophiques : le doute systématique de Descartes ou la nausée de Jean-Paul Sartre. La plus vénérable de ces ironies — l'ironie éponyme — est celle de Socrate. Au cours d'un débat sur l'humour, M. Joseph Moreau, professeur d'histoire de la philosophie à la Faculté des Lettres et Sciences humaines de Bordeaux, définissait ainsi ce tour d'esprit :

> L'ironique (εἴρων) est celui qui, dans ses propos, diminue ou rabaisse la réalité, qui refuse d'avouer ses propres qualités, qui dissimule son savoir sous une ignorance feinte, qui se retranche dans une attitude purement interrogative. L'adjectif εἴρων, le nom d'ironie se rattacheraient au verbe ἔρομαι, qui signifie interroger (1).

Fausse modestie, ignorance feinte, questions, c'est bien là une attitude d'humoriste. Sans doute, comme le fait remarquer plus loin M. Moreau, l'intention de Socrate est-elle pédagogique, sans doute son « rebondissement » le porte-t-il jusqu'au monde des Vérités, mais il n'en passe pas moins par la phase critique, par la réduction à l'absurde. Les questions inlassables dont il harcèle ses disciples démolissent progressivement les convictions les mieux assises, tournent les défenses logiques et forcent l'interlocuteur le plus sûr de lui à subir l'épreuve vertigineuse de l'absurde. Bien entendu, Socrate lui tend vite une main secourable, mais il

(1) *Bulletin du Centre d'Etudes de Littérature générale*, Faculté des Lettres de Bordeaux, fasc. VII (1957-58-59), réunion du 21 janvier 1958.

le laisse un moment dans son « aporie », c'est-à-dire, mot à mot, dans son impasse.

Pour suivre le souple mouvement de cette pensée, il fallait une agilité d'esprit et d'humeur, un « atticisme », que, semble-t-il, les juges de Socrate ne possédaient pas. Quand il recueillit l'héritage socratique, Cicéron, fils sérieux d'un peuple sérieux, vit dans l'ironie un ornement et un instrument de l'éloquence. C'était la vulgariser, mais aussi l'humaniser. Après lui, Quintilien en fit une partie de la rhétorique :

> Il la considère en particulier comme un procédé comique apparenté à la plaisanterie *(iocus)*. [...] Il la réduit à une figure de rhétorique, à un enjolivement du style étranger à la pensée et même, en dépit de Socrate, au tempérament de son auteur (1).

C'est trahir Socrate, mais c'est ouvrir toutes grandes à l'ironie les portes de la littérature.

III. — La rhétorique ironique

La figure rhétorique la mieux adaptée à l'ironie est évidemment la litote, qui dit le moins pour le plus. Litote quotidienne, l'*understatement* britannique suspend l'évidence des proportions réelles comme dans la célèbre conversation de Gladstone avec sa femme :

— De quoi a parlé le pasteur, dans son sermon ?
— Du péché.
— Et qu'en a-t-il dit ?
— Il était contre.

Notons d'ailleurs que l'hyperbole ou exagération systématique peut jouer le même rôle que la litote.

(1) A. Haury, *L'ironie et l'humour chez Cicéron*, Leiden, 1955, p. 25. Voir aussi *Bulletin du Centre d'Etudes de Littérature générale*, *op. cit.*, réunion du 28 janvier 1959.

C'est le procédé favori de Rabelais, mais il est toujours aussi efficace. Voici comment George Mikes décrit le règne de la vitesse aux Etats-Unis :

Il y a des ascenseurs express et des métros express en Amérique, il y a des endroits où l'on peut manger un repas de quatre services en 90 minutes et il y a des chantiers où l'on construit toutes les heures deux croiseurs ou deux transatlantiques de 50 000 tonnes ; dans la classe aisée, on fabrique les bébés en trois mois. La fabrication des bébés bon marché demande un peu plus de temps (1).

La transposition stylistique est un autre procédé fréquent de l'ironie. A côté de la plaisanterie dite d'un air triste, que nous connaissons déjà, il y a la chose triste dite d'un air gai. L'ironie qui s'en dégage a quelque chose d'inquiétant. C'est le ton souvent affecté par les poètes maudits et les humoristes noirs :

Etendez-moi rigide au fond de cette bière,
placez entre mes mains nos livres décadents :
Laforgue, Maldoror, Rimbaud, Tristan Corbière
mais pas René Ghil : ça me fout mal aux dents (2) !

La transposition peut affecter les niveaux de style : style sublime pour traiter un sujet trivial, ou style familier pour traiter un sujet noble. Dans le *Virgile travesti*, les héros épiques de Scarron parlent comme des portefaix, alors que dans le *Buscón* de Quevedo, le bourreau de Ségovie trouve, pour célébrer le chenapan qu'il vient de pendre, des accents dignes de Pindare. Cette ironie et l'humour qui en découle portent dans certaines littératures le nom de burlesque, mais ce n'est qu'un nom.

(1) George MIKES, *How to Scrape Skies*, chap. : « Time and Space. »
(2) Georges FOUREST, La négresse blonde (1909), *Epître falote et testamentaire.*

Une transposition particulièrement subtile est celle qui affecte la langue elle-même. C'est Agatha Christie, je crois, qui met dans la bouche d'un de ses héros un irrésistible *name of a name of a little good man !*, traduction littérale d'un anodin : « Nom de nom d'un petit bonhomme ! » Un excellent exemple du procédé est le discours en latin et sa traduction que Jules Romains a mis dans *Les Copains*. Un des maîtres de la transposition linguistique est Ernest Bramah, auteur des fameux contes de *Kai Lung*, rédigés en un style chinois des plus convaincants, sinon des plus authentiques. On y trouve, camouflés sous la sage lenteur de l'élocution orientale, des citations familières et des allusions à la vie anglaise contemporaine. Voici un syndicat ouvrier et une grève :

C'était la coutume de ces hommes qui portaient un emblème commun et se considéraient comme liés par le même serment et la même imprécation, de se présenter soudain devant Wong Ts'in et d'exiger qu'il leur donnât pour leurs efforts une récompense plus considérable que celle qui avait été préalablement convenue, menaçant, si cela ne leur était point accordé, de jeter tous ensemble sur le sol les instruments de leur labeur et d'entraîner ainsi dans l'oisiveté ceux qui, dans d'autres circonstances, fussent demeurés à leur tâche (1).

Le type d'ironie qui se dégage de ce texte mérite qu'on s'y arrête un instant. Le langage, en effet, est le principal véhicule des évidences sociales. En changeant le langage, on supprime automatiquement les évidences et, sans modifier quoi que ce soit à la teneur du propos, on rend absurde ce qui était intelligible. Il suffirait de retraduire en anglais normal le texte de Bramah pour qu'il n'attire plus l'attention. De même, prenons la

(1) Ernest Bramah, *Kai Lung's Golden Hours* (1922), éd. Penguin, p. 32.

phrase suivante qui paraîtra tout à fait anodine à un amateur de courses de taureaux :

Le bicho était manso, mais il fallut trois épées au matador pour l'estoquer.

Traduisons en français courant :

L'animal était d'un naturel doux, mais le tueur dut s'y reprendre à trois fois pour le blesser à mort avec son épée.

L'effet est assez horrible et révèle ce qu'il y a de cruauté dans la *corrida*. En particulier *matador* traduit littéralement par « tueur » perd tout ce qui, par évidence, l'excusait et le couvrait de l'enchantement tauromachique.

Le non-conformisme de l'humoriste touche ici au sacrilège. Nous en arrivons aux limites de la rhétorique où la transposition n'est plus simplement formelle, mais où elle engage toute la personnalité, suspendant les évidences de nation, de classe ou de religion. Il existe un monologue fort divertissant, bien connu des chansonniers, où le narrateur, étant entré dans une église, assiste à la messe en s'imaginant que le prêtre qu'il voit gesticuler devant l'assistance est un homme à la recherche de son chapeau. Les diverses phases du service sacré sont interprétées en fonction du chapeau : le « bonhomme » regarde dans une petite armoire pour voir si le chapeau y est, boit un coup et mange un morceau pour se réconforter, fait une collecte pour s'acheter un autre chapeau, etc. (1). Le rire qui résulte de cette transposition est franc, mais légèrement (et agréablement) scandalisé. Le scandale pourrait éteindre le rire si le ton de l'humoriste n'était parfaitement réglé. La tension ironique est ici à son maximum.

(1) *La Messe*, par Champi. Disque Decca EFM 455 527.

Il arrive que, sous des apparences moins excessives, l'ironie critique devienne plus efficace encore. C'est particulièrement vrai quand l'ironiste s'attaque à des tabous séculaires, car il s'agit bien de tabous : ce terme désigne dans les sociétés primitives précisément ce que nous appelons les évidences. C'est le cas (peut-être inconsciemment d'ailleurs) de l'humoriste espagnol Rafael Azcona dans son *Nouveau pauvre* :

> Il essayait de le cacher, mais cela se voyait : c'était un nouveau pauvre, un peu snob et prétentieux, sentant encore sa bourgeoisie. Il étalait trop sa misère : sa crasse, ses loques étaient trop criardes, son regard trop minable. [...] Il me regardait par-dessus son épaule d'un air de mépris sans deviner que sous mes haillons décents battait le cœur d'un pouilleux qui comptait des mendiants professionnels dans sa famille jusqu'à la septième génération (1).

Ce nouveau pauvre réduit à l'absurde dix siècles de morgue aristocratique espagnole.

IV. — L'ironie dramatique

On notera que, dans l'exemple que nous venons de donner, l'ironie est non seulement rhétorique (par transposition stylistique), mais encore dramatique. En effet, la transposition touche deux personnages : le Nouveau Pauvre qui est l'objet de l'ironie, qui la subit, et le Vrai Pauvre qui mène le jeu pour le compte du lecteur, le troisième homme. C'est ici de l'ironie à trois dimensions, de l'ironie dramatique.

Nous avons vu que dans la transposition linguistique on obtient un effet d'ironie en dissimulant la clef du langage, en brouillant le secret de la

(1) R. Azcona, Nuevo Pobre, dans *Antologia del Humor Español*, pp. 31-32 (trad. dans *Tout l'Humour du Monde*, pp. 71-72).

combinaison. De même, Bergson raconte comment des soldats en train de manœuvrer le faisaient rire quand il les regardait à travers une fenêtre fermée qui l'empêchait d'entendre les commandements et le privait ainsi de la clef, du secret, qui eût donné un sens à leurs gestes.

Dans l'ironie dramatique, un personnage ou un groupe de personnages ignore le secret que connaissent d'autres personnages et le public. C'est pourquoi les dramaturges font un tel usage du rideau ou du paravent qui permettent la situation ironique de base, celle de la scène 6 de l'acte II de *Britannicus*, où Junie, Narcisse et le public savent, mais où Britannicus ignore que Néron est caché derrière le rideau.

Dans *Britannicus*, l'ironie dramatique débouche sur la tragédie parce que Racine n'est pas, dans cette pièce, un humoriste et que son « rebondissement » ne se fait pas vers le comique. Il en va de même de l'ironie des « absurdistes » qui refusent le rebondissement, comme le Thomas Hardy de *Life's Little Ironies* ou l'Albert Camus du *Malentendu* et de l'*Etranger*.

On pourrait jouer la plupart des scènes de *Britannicus* en vaudeville, comme on peut jouer la plupart des scènes de *Tartuffe* en drame. Le débouché n'est qu'une question de parti pris, mais le mécanisme reste le même : il est fondé sur le spectacle d'un aveuglement (le grand ressort dramatique de la tragédie grecque) que ne partage pas le public. Pour orienter le mécanisme vers le tragique, il suffit que l'auteur insiste sur ce qui peut provoquer dans le public un sentiment de solidarité envers l'aveugle. Pour l'orienter vers le comique, il suffit qu'il éveille un sentiment de supériorité.

Humour au 2e degré

Humour au 3e degré

Nous reviendrons sur le rôle du sentiment de supériorité quand nous parlerons du « rebondissement » humoristique. Contentons-nous, pour le moment, de noter ce mécanisme de l'aveuglement non partagé. Il est à la source de toute ironie dramatique, et donc de toute ironie sociale dans la mesure où les rapports sociaux sont des drames. C'est lui qui donne son ton un peu amer à l'humour d'un Charlie Chaplin ou de son équivalent mexicain, Cantinflas.

Il arrive que l'aveugle se venge et aveugle à son tour le public trop pressé de rire à ses dépens. On connaît le thème classique de l'astrologue tombé dans un puits. Il est souvent exploité par les dessinateurs humoristiques : un homme lisant son journal marche dans la rue, ne voit pas une bouche d'égout ouverte et y tombe. Or voici comment se déroule une bande dessinée de Luis del Olmo, caricaturiste de la *Gaceta del Norte*, à Bilbao :

1er dessin. — Vu de dos, un homme lisant son journal marche vers une bouche d'égout ouverte.

2e dessin. — Arrivé à la bouche d'égout, l'homme lève le pied au-dessus du vide tout en continuant à lire.

3e dessin. — Toujours lisant, l'homme franchit à pieds joints la bouche d'égout et atterrit sain et sauf de l'autre côté.

4e dessin. — On voit l'homme de face : il a une petite fenêtre dans son journal et voit très bien devant lui.

L'aveuglement est ici transféré du personnage au lecteur qui ignorait ce que le personnage savait : l'existence de la fenêtre. La situation est renversée et c'est de l'humour au deuxième degré. On peut en ajouter un troisième : dans une autre bande d'Olmo, les trois premiers dessins sont identiques, mais au dernier le personnage, qui n'a pas de fenêtre dans son journal, se contente de faire la nique au lecteur. Tout en paraissant mettre en cause les lois de l'équilibre, de la prudence, l'auteur suspend brusquement ici l'évidence de la convention théâtrale, celle qui veut que le monde de la scène ne déborde pas sur le monde réel.

Mais ces revanches de l'ironie sont relativement rares. C'est que leur exploitation humoristique est difficile. Il faut un public très évolué pour rire de sa propre méprise et pour admettre la supériorité du personnage. Il est dangereux pour l'individu d'avoir raison contre la collectivité. Ainsi que le souligne un humoriste : « Un homme glisse sur une peau de banane devant dix personnes : s'il rit, c'est de l'humour. Dix personnes glissent sur dix peaux de bananes devant un homme : s'il rit, c'est de l'imprudence. »

C'est pourquoi l'ironie affecte le plus souvent l'aspect d'une manifestation de cruauté collective où l'on voit un homme tout nu livré aux fauves de l'absurdité. Bien souvent cet homme est l'humoriste lui-même, mais même quand il n'est que l'organisateur du spectacle, tout le monde espère qu'un jour le dompteur sera dévoré par le lion.

V. — La persécution de l'humoriste

Naïf jusqu'à l'absurde, non-conformiste jusqu'au sacrilège, condamné à l'universelle dérision, l'humoriste apparaît donc comme un persécuté volontaire. Il est (ou feint d'être) perdu au milieu d'un monde hostile auquel il ne comprend rien et dont les détails les plus rassurants éveillent chez lui des inquiétudes de bête traquée.

Un exemple personnel permettra de voir comment

l'humoriste, en assumant cette attitude, modifie l'éclairage de la réalité et lui donne sa coloration ironique.

Dans une note de son recueil *Tout l'humour du monde*, Pierre Daninos a la gentillesse de me citer à la suite d'un certain nombre de conversations que nous avons eues et où je lui ai exposé les idées sur l'humour qu'on a pu lire dans ce volume. Comme il s'agit d'un acte de courtoisie, la note est sérieuse, j'y figure sous mon nom et ma qualité de professeur à la Faculté des Lettres de Bordeaux comme l'auteur « d'une des meilleures thèses qui aient été soutenues sur l'humour » (1).

Ceci se trouve à la page 11. Or, à la page 13, je reparais dans le corps du texte, toujours avec les mêmes idées, mais cette fois moi-même et mes idées sommes transfigurés par la vision humoristique :

Je me trouvai l'autre jour aux prises avec un expert qui, ayant engagé le combat par le rituel : *Quelle est votre définition de l'humour ?* me fit aussitôt chanceler en me décochant :

« Considérez-vous que l'humour doive être un acte gratuit ? »

Je lui expliquai qu'avec trois enfants, il ne pouvait être question de ça.

« Enfin..., poursuivit-il, vous classez-vous parmi les intellectualistes ou les affectivistes ? »

En temps normal, pour peu qu'on me demande si je me place sur un plan objectif ou subjectif, je reste carrément en plan : là, c'en était trop. Je dus paraître perplexe à l'expert.

Mais déjà il continuait. M'ayant révélé que le geste humoristique comportait deux phases — l'une intellectuelle critique, l'autre affective constructrice — il conclut :

« En somme, votre humour est transcendental : vous sécrétez

(1) Il s'agit d'une conférence intitulée : « L'humour est-il une philosophie ? », prononcée le 5 février 1955, devant la Société de Philosophie de Bordeaux. Voir le compte rendu dans le *Bulletin* de cette Société, n° 46.

une fausse naïveté qui suspend l'exercice d'une évidence sociale ! »

Je restai groggy. L'expert en profita pour pénétrer dans mon cerveau et y faire la lumière.

« Votre procédé, dit-il, crève les yeux : c'est exactement le contraire du postulat d'Euclide ! »

Après tout, c'est peut-être vrai. Comme j'ai totalement oublié ce qu'est le postulat d'Euclide (peut-être parce que je ne l'ai jamais su), il est tout à fait possible que je fasse le contraire sans m'en apercevoir (1).

On reconnaît au passage des idées familières et même une terminologie caractéristique transposée par re-combinaison : l'évidence que *sécrète* le corps social et la *fausse naïveté* que se crée l'humoriste donne : *Vous sécrétez une fausse naïveté*. Mais ce qui est surtout frappant, c'est l'accumulation des termes qui indiquent l'accablement, l'égarement de l'humoriste : *aux prises*, *en plan*, *perplexe*, *groggy*, *faire la lumière*, etc. Bien entendu, le tout est assorti des habituelles protestations d'ignorance.

Ces dernières permettent d'ailleurs d'amorcer le « rebondissement » et ce n'est pas anticiper que de dire qu'en exagérant son désarroi devant « l'expert », Daninos retourne contre ce dernier le mécanisme humoristique en l'écartant de lui-même. « L'expert » devenant un pédant, c'est contre lui que s'exerce le sentiment de supériorité du lecteur. Alfred Sauvy a fort bien décrit ce mécanisme. Au départ, c'est l'ignorant qui est la victime de l'ironie, car « il y a toute une franc-maçonnerie de la connaissance ». Mais la masse (et surtout le démagogue) inverse très vite le mécanisme :

C'est tout le cycle du professeur Cosinus, ainsi que le thème classique des attaques contre les pédants ou les spécialistes mal

(1) P. Daninos, *Tout l'Humour du Monde*, pp. 13-14.

supportés. Si le dégonflement de l'expert est hautement comique, c'est qu'il permet une vengeance contre une supériorité trop souvent éprouvée. Poujade a largement exploité cet état d'esprit. Son auditoire baigne dans une atmosphère de supériorité, encore accentuée par les termes d'argot (1).

Pierre Daninos me pardonnera de l'avoir comparé à Pierre Poujade. Je lui devais bien cette revanche.

On n'a pas toujours un pédant sous la main, un contre-baudet sur lequel crier haro. Le sentiment de supériorité du public s'exerce alors à plein sur l'humoriste qui est condamné à subir son destin de hors-la-loi logique. Même s'il ne boit la ciguë, il est la première victime de la réduction à l'absurde qu'il fait subir au reste de l'Univers. C'est Mark Twain, le plus obtusement américain des *Innocents* qui visitent l'Europe. C'est Stephen Leacock écrasé de terreur devant un guichet de banque. Plus près de nous, parmi les chansonniers français, c'est Fernand Reynaud, niaisement opprimé par des puissances incompréhensibles et redoutables : sa sœur, les dames patronnesses, les copains de l'usine et surtout Toto qui ameute contre lui le chœur des voisins : « Bourreau d'enfant ! » C'est Raymond Devos pris dans le cauchemar surréaliste d'une place à sens giratoire dont toutes les issues sont à sens interdit (2).

C'est surtout Jerome K. Jerome luttant contre la mauvaise volonté des boîtes de conserve, des théières et des arceaux de tentes :

Ce n'étaient pas des arceaux, c'étaient des démons. Ils commençaient par refuser d'entrer dans leurs tubes et il nous fallait sauter sur eux, leur donner des coups de pied et leur taper dessus avec la gaffe. Puis, quand ils étaient entrés,

(1) A. Sauvy, *Rôle social et politique de l'humour* (conférence dont l'essentiel se trouve dans le livre du même auteur, *La nature sociale*, éd. Colin).
(2) Voir dans *Drôles de numéros*, de Jacqueline et Jean Diwo, Le plaisir des sens, pp. 32-33.

on s'apercevait que ce n'étaient pas les bons arceaux pour ces tubes-là, et il fallait les ressortir. Mais ils ne voulaient pas ressortir tant que deux d'entre nous n'étaient pas allés se battre contre eux pendant cinq bonnes minutes. Alors ils sortaient brusquement d'un coup, et essayaient de nous jeter à l'eau et de nous noyer. Ils avaient des charnières au milieu et, quand nous ne regardions pas, ils venaient nous pincer avec ces charnières dans les parties les plus délicates de nos individus. Et pendant que nous luttions avec un des côtés de l'arceau et que nous essayions de le persuader de faire son devoir, l'autre côté arrivait lâchement par derrière et nous donnait un bon coup sur le crâne (1).

Cette personnification est caractéristique. L'humoriste retrouve les terreurs de l'homme primitif devant les menaces d'un monde incompréhensible qu'il attribue à des entités mystérieuses et malveillantes. Ainsi Edgar Poe vit-il apparaître par une nuit de libations l'Ange du Bizarre, responsable de toutes les ironies de l'existence, ainsi les techniciens américains attribuent-ils aux *gremlins* — lutins de la machine — les excentricités du sort qui déjouent les calculs, qui sont la revanche du hasard contre la raison.

Au-delà, il n'y a que la folie, le délire de la persécution, cette maladie professionnelle des humoristes. A force de contempler les incongruités de la vie, on risque de devenir incongru soi-même. A force de jouer le persécuté, on finit par se croire persécuté. C'est pourquoi tant d'humoristes sont des mélancoliques, c'est pourquoi certains d'entre eux sont devenus fous, c'est pourquoi d'autres se sont suicidés. Ils revenaient ainsi aux origines médicales et psychologiques de l'humour.

Mais l'art a d'autres exigences. Après avoir trouvé le chemin de l'absurde, de l'invivable, il faut découvrir maintenant la porte de sortie.

(1) Jerome K. JEROME, *Three Men in a Boat*, chap. X.

CHAPITRE VIII

LE REBONDISSEMENT HUMORISTIQUE

I. — Conquête de la sécurité

Dans un de ses ouvrages, le spécialiste autrichien du comportement animal, Konrad Lorenz, imagine une horde d'hommes primitifs entourés, dans la nuit hostile, par des milliers de dangers inconnus :

> A un certain moment une grosse antilope débuche dans un grand bruit de branches, et ils sursautent nerveusement, apprêtant en hâte leurs lances pour le combat. L'instant d'après, quand ils reconnaissent un animal inoffensif, leur crainte fait place à des jacassements soulagés, mais excités et finalement à de grands éclats de rire (1).

Nous avons là le rire de base, celui qui n'est même pas le propre de l'homme, et en deçà duquel il n'y a que le réflexe sans signification provoqué par une stimulation physique, comme le chatouillement. Ce rire est le résultat d'une brusque détente après une forte tension : c'est d'ailleurs ainsi que Kant a défini le rire. La cause de tension la plus fréquente et la plus ancienne étant la crainte, il est assez juste de dire que le rire traduit, après la peur, le soulagement de la sécurité retrouvée.

(1) K. LORENZ, *Man Meets Dog* (1954), pp. 1-2 (éd. allemande : *So kam der Mensch auf den Hund*).

En 1953, parlant non plus de l'homme primitif, mais de l'homme moderne civilisé, M. André Maurois donne du rire la même définition dialectique :

> Le rire est un double mouvement, et c'est pourquoi il secoue les rieurs. *Premier temps* : quelque chose ou quelqu'un nous effraie. *Deuxième temps* : nous nous apercevons que l'épouvantail n'est ni si terrible, ni si respectable que nous le pensions ; nous sommes rassurés. Le rire s'exerce donc contre ce que nous craignons, parfois même contre ce que nous admirons. Chaque peuple rit de ce qu'il craint et admire le plus (1).

Il n'y a donc pas de rire sans sécurité et nous admettrons, avec M. André Maurois, que le rire de l'homme menacé est le résultat plutôt que la cause de sa victoire sur la peur.

Certains auteurs — nous y faisions allusion plus haut — voient dans le rire une manifestation de supériorité et nous disions nous-mêmes que l'ironie ne peut déboucher sur le rire que si elle s'accompagne d'un sentiment de supériorité envers la victime de l'ironie. C'est Hobbes, par exemple, qui a décrit le rire comme *a sudden glory*, une subite poussée d'orgueil.

Mais il est visible que le rire par supériorité n'est qu'un cas particulier du rire par sécurité, la domination étant le moyen ancestral employé par les hommes pour assurer leur sécurité. Comme le fait remarquer M. Alfred Sauvy, il y a un rire du bébé qui correspond à la conquête expérimentale des lois de la nature et qui traduit l'impression de domination, donc de sécurité, qu'éprouve le bébé quand il prévoit, par exemple, l'effet de la pesanteur. *La surprise attendue* est ce qui lui rend comique la

(1) A. MAUROIS, dans *Le tour du monde du rire*, de P. DANINOS, p. 19.

chute d'un objet (1). Il y aurait une féconde leçon d'esthétique à tirer de cette remarque : elle explique notamment pourquoi le comique peut naître d'un effet de répétition et pourquoi une histoire cent fois entendue fait rire de plus en plus et non de moins en moins.

Quoi qu'il en soit, le vertige de l'absurde n'est risible que si l'on a les pieds en terrain ferme, le spectacle de l'excentricité n'est amusant que si l'on a présent à la conscience un étalon de normalité. Pour goûter l'histoire de fous classique (« Tiens-toi au pinceau, j'enlève l'échelle »), il faut être convaincu de sa propre santé mentale (ce qui, d'ailleurs, n'exclut pas la folie). Si les histoires de pendus sont en général fort appréciées des rieurs, il serait certainement vain d'espérer faire rire en parlant de corde dans la maison d'un pendu.

On comprend maintenant pourquoi, ainsi que nous le disions plus haut (2), un personnage excentrique ne devient comique que si « son anomalie caractérielle se détache sur un fond de normalité », s'il se trouve « en porte-à-faux » par rapport à lui-même ou à son rôle. C'est qu'ainsi le public, prenant la mesure de l'excentricité, se sent différent du personnage, et donc supérieur à lui, et donc non menacé par ce qui lui arrive.

« Le sac ridicule où Scapin s'enveloppe » a donc plus de chance de faire rire que la comédie plus raffinée. En effet, le personnage de farce est toujours suffisamment bête pour créer chez le spectateur un sentiment de supériorité. Il faut seulement qu'il ne soit pas trop bête, trop invraisemblable, car il ne parviendrait pas à créer l'inquiétude préalable

(1) A. Sauvy, *loc. cit.*, p. 175.
(2) Voir plus haut, pp. 21-22.

à laquelle la supériorité éprouvée apporte le soulagement générateur de rire. Le spectacle des singes est comique, précisément parce qu'ils ressemblent suffisamment à l'homme pour créer un vague sentiment de gêne, voire un malaise devant la caricature, mais aussi parce qu'ils sont assez différents de l'homme pour ne laisser aucun doute à l'homme sur sa supériorité, du moins presque toujours : allez donc rire d'un singe qui souffre et pleure avec une voix de bébé !

La comédie « intelligente », qui met en scène des personnages un peu trop évolués, court le risque de voir à chaque instant s'effacer la sécurité sentimentale du spectateur et naître la sympathie. Le rire hésite alors au bord des larmes, comme c'est souvent le cas chez Molière.

Faut-il donc admettre que le « rebondissement » humoristique ne peut pas dépasser le niveau de la farce ? Certes non. Nous dirons simplement qu'à mesure qu'il s'élève, l'humour s'éloigne de ce type élémentaire de rire que crée le mécanisme tension-détente, et peut-être pouvons-nous déjà indiquer qu'il y a des formes supérieures de l'humour qui faussent complètement compagnie au rire.

II. — Conquête de la sympathie

Dans le livre que nous citions plus haut, Konrad Lorenz donne un autre exemple de rire primitif. Un homme vient de comprendre le stratagème de son chef pour attirer les chacals :

> Ils échangent un sourire et soudain éclatent bruyamment de rire avec le même déchaînement de gaîté qui pourrait être de nos jours celui de deux petits garçons qui viennent de réussir un tour particulièrement malicieux (1).

(1) K. Lorenz, *op. cit.*, p. 6.

Nous avons ici un rire qui est bien le propre de l'homme : celui de la complicité. La sécurité par alliance se situe à un niveau moral et intellectuel très supérieur à celui de la sécurité par domination, car elle suppose à la fois un sacrifice et un enrichissement.

Ici commence vraiment le domaine de l'humour, celui qui corrige l'ironie destructrice par un clin d'œil complice. Le but est évidemment d'enrôler la sympathie du lecteur, mais il ne s'agit pas de cette sympathie qui, fidèle aux sens étymologiques, suppose un lien affectif, presque viscéral, et engendre le sens du tragique. C'est une sympathie à la fois plus humble et plus haute qui, de la malice à la charité, suppose toujours à quelque degré la conscience de soi, la *self consciousness*, en laquelle nous avons reconnu une forme du sens de l'humour.

Mettre dans le même sac, dans le même bain, créer une fraternité d'attitude devant les choses, les hommes et les dieux, tel est le rôle de cette sympathie humoristique.

Elle est particulièrement visible chez les humoristes qui exploitent le thème de ce que Pierre Daninos appelle « les maux quotidiens ». Par exemple, dès qu'un Anglais prononce devant un compatriote le mot *plumber*, une complicité s'établit entre eux, car le plombier est l'indispensable mauvais génie qui hante leur vie domestique. Voici comment Robert Waithman médite sur le plombier :

Les Anglais ont pris ce que les plombiers ont bien voulu leur laisser, et ce que les plombiers ont laissé dans les maisons anglaises aurait suscité chez certaines nations des actes de sang et de meurtre. Il est exact, littéralement exact qu'un Anglais, dans une maison qu'il ne connaît pas, ne sait jamais ce qui va se passer quand il tire la chaîne ou tourne la poignée qui se trouve au-dessus du siège de ce que le plan original de l'architecte appelait un w.-c. Le plus souvent, il ne se passe rien, c'est-à-dire rien d'utile. Il peut éventuellement se produire un grondement métallique suivi d'un choc sourd et le front de l'Anglais se trouve alors éclaboussé par des gouttes d'eau froide qui jaillissent du réservoir situé au-dessus de sa tête — le fabricant ayant oublié de le munir d'un couvercle (1).

L'ironie est ici du type « lutin malveillant », mais le rebondissement est obtenu par l'enrôlement de tous les Anglais — et des Anglais seulement — dans la communauté des victimes du plombier.

Il est une manière plus subtile de créer la complicité fraternelle. C'est celle qui consiste à la suggérer en se racontant soi-même (ou en racontant le personnage), de telle sorte que soient surtout mis en lumière ces traits de caractère ou ces pensées secrètes que les conventions empêchent d'avouer, mais à l'affût desquels on est toujours chez les autres, avec l'espoir de les justifier en les partageant. Voici comment Wells parle de ses idées d'adolescent :

A cette époque, j'avais des idées sur les Aryens qui ressemblaient étonnamment à celles de M. Hitler. Plus j'en apprends sur son compte, plus je suis convaincu que sa pensée est presque la sœur jumelle de la pensée de mes treize ans, en 1879, mais entendue à travers un amplificateur — et mise en application (2).

L'assimilation de Hitler à un enfant de treize ans est ici le moyen de sa réduction ironique à l'absurde, et il faut reconnaître que, vu la date (1934), l'angoisse qui en découle doit être prise au sérieux. Mais Wells « rebondit » grâce à la franchise même de son aveu qui dit : Voyez, nous sommes tous les mêmes à cet âge-là, mais nous, les gens normaux, nous arrivons à maturité, alors qu'Hitler...

Cet humour bienveillant en lequel on aura reconnu l'humour de Goldsmith, dans le *Vicaire de*

(1) R. Waithman, *Understanding the English* (1953), pp. 97-98.
(2) H. G. Wells, *Experiment in Autobiography* (1934).

Wakefield, possède la vertu d'humilité et donc de charité. Il est le propre des humoristes qui aident leurs semblables à supporter les petits malheurs et les grandes angoisses de la condition humaine. Il est délicat à manier et les contrefaçons à l'eau de rose sont nombreuses dans les magazines féminins vendeurs d'illusions pour midinettes. Pourtant il arrive qu'un vrai humoriste, doublé d'un poète, y trouve sa voie comme Peynet dans ses dessins ou Jean Duché dans ses chroniques. Les thèmes de Jean Duché sont souvent fort tristes — la femme qui vieillit, la jeune fille seule, le ménage qui ne s'entend pas — mais son humour est comme la caresse d'une sœur hospitalière :

> Il n'y a guère que la maladie (parfois) et la mort (toujours) qui justifient la tristesse. Et [...] pour le reste, il y a toujours un moyen d'en rire. Il suffit d'y penser. [...] Oui, l'humour comprend les choses tristes, il faisait dire à Musset que lorsqu'on vient d'en rire on devrait en pleurer, mais il fait justement que lorsqu'on a compris qu'il y aurait de quoi pleurer on effectue le rétablissement (1).

Le « rétablissement » de Jean Duché permet d'atteindre la sérénité de l'amour mutuel, mais peut-être le « rebondissement » permet-il d'aller plus haut.

III. — La conquête de l'engagement

Pendant l'occupation allemande, en France, il ne s'agissait guère d'amour mutuel. Et pourtant jamais il n'a existé pareille richesse d'histoires humoristiques. L'humour peut être, par son rebondissement, une arme de combat dans la mesure où, exorcisant l'angoisse, il rend confiance au combattant et où, dégonflant la menace, il prive l'adversaire de son arme psychologique.

(1) J. Duché, *On s'aimera toute la vie* (1956), pp. 140-141.

La caricature politique relève de ce type d'humour et la France continue en ce domaine sa glorieuse tradition. Les dessins d'un H.-P. Gassier, d'un Sennep, d'un Henri Monnier, d'un Jean Effel,

Fig. 5. — Humour engagé. (*Dessin de Jean Effel*, 1945)

constituent une critique constante de l'action des hommes politiques, mais construisent par leur succession et leur accumulation une véritable attitude militante ayant un caractère positif — sans quoi d'ailleurs ils finiraient par lasser et irriter leur public. C'est la faiblesse des féroces caricatures (elles rappellent celles de Gilray) qui, aux Etats-Unis, servirent d'armes à des lutteurs comme Art Young ou Thomas Nast contre les forbans de la politique américaine entre les deux guerres : leur ironie destructrice atteint directement la victime, mais n'enrôle pas le lecteur dans l'action.

Elle diffère en cela de l'ironie non moins fracassante du *Canard enchaîné*, qui obtient son effet destructeur par des procédés stylistiques souvent très simples — par exemple l'adjonction du possessif « mon » à tout ce qui touche le général de Gaulle — mais qui rebondit vers un idéal de rigueur et de générosité auquel nul Français ne peut rester insensible.

Un maître du genre est, en Angleterre, George Orwell qui a deux fois réduit à l'absurde le régime stalinien : dans *1984* par un classique décalage temporel et dans *Animal Farm* par la non moins classique transposition animale chère aux fabulistes. Mais il l'a fait sans trahir son personnage de militant révolutionnaire, en le servant même. Dans son essai sur Kipling, il donne un des plus beaux exemples qui soient d'autocritique humoristique. Il parvient à détruire la bonne conscience de la gauche tout en lui montrant le chemin d'une volonté révolutionnaire plus pure :

> Tous les partis de gauche dans les pays hautement industrialisés sont, au fond, du chiqué, car ils font profession de lutter contre quelque chose qu'ils ne désirent pas vraiment détruire. Ils ont des buts internationalistes et en même temps ils luttent pour la conservation d'un niveau de vie avec lequel ces buts sont incompatibles. Nous vivons tous en exploitant les coolies asiatiques, et ceux qui, parmi nous, sont « éclairés » disent tous qu'il faut libérer ces coolies ; mais notre niveau de vie et, par conséquent, notre qualité d'hommes « éclairés » exigent que l'exploitation continue (1).

Tous les caractères de l'humour sont dans ces paroles. En suspendant l'évidence polie acceptée

(1) G. Orwell, *Critical Essays* (1951), pp. 115-116.

par la plupart des intellectuels qu'il suffit de manifester ou même d'éprouver des sentiments généreux pour être « de gauche » et faire son devoir de militant, George Orwell enferme cette gauche trop bien pensante dans un cercle vicieux passablement cauchemardesque, mais il montre aussitôt l'issue en suggérant la voie du sacrifice : on ne peut libérer les autres qu'en se privant soi-même du bénéfice de leur servitude.

Le rire est presque absent ici. Tout au plus sent-on à l'arrière-plan le sourire fraternel et un peu triste de George Orwell. C'est que nous atteignons les régions les plus hautes de l'humour, où le rire est un instrument trop grossier pour traduire la libération de la conscience après l'angoisse, et la solidarité des hommes devant la condition humaine.

IV. — Conquête de la transcendance

Nous avons cité l'opinion de M. Joseph Moreau sur le mécanisme de l'ironie socratique (1). Il est juste maintenant de citer ce qu'il dit du « rebondissement » socratique :

L'ironie socratique aboutit à de tels paradoxes, c'est-à-dire des conclusions tellement opposées à l'opinion commune qu'on se demande s'il les faut prendre au sérieux, mais s'il les faut prendre au sérieux, c'est une véritable conversion qui est réclamée de nous. Ce serait dénaturer l'ironie socratique que de la séparer de cette exigence de conversion. Si l'ironie socratique s'en prend aux valeurs reçues, si elle a parfois de la sorte un accent révolutionnaire, ce n'est pas afin de détruire ces valeurs, mais de les éprouver, de les réformer, de les fonder. Or les valeurs d'opinion ne peuvent être fondées que par un appel aux valeurs d'intériorité, que découvre la réflexion, et qui révèlent à l'homme son origine transcendante, sa destinée éternelle. L'ironie socratique s'ouvre sur une conception religieuse de l'homme ; c'est là ce qui la

(1) Voir plus haut, p. 97.

justifie et qui la sauve. Sans cela, sans cette exigence de conversion et cette ouverture au divin, l'ironie ne serait qu'un travers d'esprit particulièrement détestable. Seul le mystique a le droit d'être ironique ; il faut croire à quelque chose, avoir une foi en ce qui dépasse l'homme pour être autorisé à persifler la conduite et les opinions communes des hommes (1).

L'éminent spécialiste de Platon nous révèle ce qui est, en effet, un des ultimes débouchés de l'humour : la foi. Ce n'est certes pas la foi du charbonnier, mais une foi durement conquise contre tous les démons de l'absurde, l'ultime recours contre eux : *Ego credo quia absurdum.* Tel est, d'ailleurs, le rôle final que Kierkegaard assigne à l'humour : « L'ironie est une culture spécifique de l'esprit et suit l'immédiateté. Puis vient l'homme éthique, puis l'humoriste et finalement l'homme religieux (2). »

Si l'on doute qu'il soit encore légitime de parler d'humour ici, il est aisé de fausser compagnie à Socrate et de laisser la parole à un homme qui, précisément, pratiqua la conversion par l'humour : G. K. Chesterton.

Dans *L'Homme qui était Jeudi*, Chesterton montre que l'humour est un des attributs de Dieu. Deux poètes, tous deux dénués d'humour, sont l'un partisan de l'anarchie, l'autre partisan de l'ordre. Pour le premier, le poème idéal est l'éclat de la bombe. Pour le second, c'est l'indicateur du chemin de fer. L'anarchiste fait partie d'une mystérieuse organisation secrète de terroristes que dirige le jovial et monumental président Dimanche (les autres membres du Comité directeur portant les noms des jours de la semaine). L'autre poète s'engage dans un corps de police international spécialisé dans la lutte contre

(1) J. Moreau, *loc. cit.*
(2) S. Kierkegaard, *Concluding unscientific Postscript* (Princeton U.P., 1944), p. 448.

l'anarchie. Ce corps est tellement secret que le chef ne parle aux recrues qu'il engage que le dos tourné, dans l'obscurité d'une chambre noire. Après une lutte pleine de péripéties fantastiques et amusantes, les membres du Comité directeur anarchiste découvrent l'un après l'autre qu'ils sont tous membres de la police. Et leur étrange président qui éveille en eux des sentiments d'amour en même temps que des flambées de révolte animale, leur révèle qu'il est, lui, le chef de la police qui les a engagés dans l'ombre. Mais jamais ils ne résoudront son énigme :

Vous comprendrez la mer, et je serai encore une énigme ; vous saurez ce que sont les étoiles, et vous ne saurez pas qui je suis. Depuis le commencement du monde tous les hommes m'ont pourchassé comme un loup — rois et sages, poètes, législateurs, toutes les églises, tous les philosophes. Mais je n'ai jamais été pris encore, et le ciel s'écroulera quand viendra la fin de la chasse (1).

Et l'on comprend que le président Dimanche est Dieu, que la contradiction apparente entre la nature lumineuse, la jovialité éclatante, l'humour presque adolescent du chef des anarchistes et le noir absolu, le silence, l'austérité sans compromis qui entourent le chef de la police, symbolisent le mystère du divin. Il n'y a que lui qui sait pourquoi la création paraît absurde, cruelle, et pourquoi il a mis ses serviteurs à l'épreuve de l'absurdité et de la cruauté :

Je vous ai envoyés au combat. J'étais assis dans le noir, là où ne vit nulle créature, et je n'étais pour vous qu'une voix qui vous commandait le courage et exigeait de vous une valeur au-delà de la nature humaine. Vous avez entendu la voix dans l'ombre, et vous ne l'avez jamais plus entendue ensuite. Le soleil dans le ciel la niait, la terre et l'air la niaient,

(1) G. K. Chesterton, *The Man who was Thursday* (1908), éd. Penguin, p. 155.

toute la sagesse humaine la niait. Et quand je vous ai retrouvés à la lumière du jour, je l'ai niée moi-même. [...] Mais vous étiez des hommes. Vous n'avez pas oublié votre honneur secret, bien que le cosmos tout entier se fût transformé en une machine de torture pour vous l'arracher (1).

Cet honneur est évidemment la foi, une foi durement conquise par la souffrance non seulement des hommes, mais aussi de Dieu. Dans une vision finale, sur le visage du président Dimanche devenu grand comme l'Univers, on voit naître le sourire douloureux du Christ. Et soudain, la vision effacée, le poète-policier se retrouve dans sa banlieue londonienne, mais une allégresse inconnue le soulève, comme un rire de l'âme :

Syme sentait seulement dans son corps une légèreté surnaturelle et dans son âme une simplicité cristalline qui lui semblaient dominer tout ce qu'il pouvait faire ou dire. Il se sentait en possession de quelque impossible bonne nouvelle qui faisait de toute autre chose une trivialité, mais une trivialité adorable (2).

Le mystère de l'humour divin s'est accompli. Au deuxième temps de la dialectique, Dieu accueille une conversion.

Mais on peut refuser la conversion ou, comme certains préféreront peut-être dire, la grâce n'est pas toujours accordée. Alors, si l'humoriste veut vraiment rebondir hors de l'invivable, éviter la folie qui le menace, il n'a d'autre ressource que de regarder en face le démon et d'assumer le paradoxe.

Parmi les œuvres de Mark Twain, on connaît surtout celles qui parlent un langage accessible à tout le monde. *Le mystérieux étranger* n'est pas de celles-là. C'est bien une œuvre d'humour, et d'un

(1) *Ibid.*, pp. 179-180.
(2) *Ibid.*, p. 184.

humour qui ressemble étrangement à celui de G. K. Chesterton, du moins dans sa partie ironique.

Le narrateur est un enfant qui vit à la fin du XVIe siècle dans une petite ville d'Autriche. Arrive dans la ville un jour un mystérieux étranger qui se révèle bientôt comme capable de faire des miracles. Puis on apprend que c'est un ange. Il s'appelle Satan. L'archange déchu est son oncle. Non sans humour, il en parle comme un membre de la famille que les autres préfèrent oublier. Il est d'une étrange insensibilité : le sens moral des hommes lui semble une infirmité. Pour amuser les enfants, il crée de petits êtres pétris de glaise, leur donne la vie, puis les détruit sans haine, mais sans regret. Une sorte d'horreur fascinante commence à planer autour de ses actes qui semblent obéir à une logique démente. Plusieurs fois le rire surgit quand cette implacable logique suscite une ironie supportable, analogue à celle du thème folklorique bien connu des « trois vœux » (chaque souhait exaucé comportant une contrepartie qui en ôte tout le bénéfice, et au-delà), mais le rire se glace quand l'ange tue un enfant pour lui éviter, dit-il, d'être plus tard un infirme, quand il rend un homme fou pour lui épargner la conscience du destin atroce qui l'attend. Comme le président Dimanche, le Satan de Mark Twain serait l'Humour de Dieu s'il y avait un Dieu. Mais il n'a aucune bonne nouvelle à annoncer, il n'a ni sécurité, ni communion à offrir. Son rebondissement l'amène dans la lumière glacée, mais pure d'une solitude lucide qui ne laisse d'autre alternative que relever le défi du néant ou mourir :

Il n'y a pas de Dieu, pas d'univers, pas de race humaine, pas de vie terrestre, pas de paradis, pas d'enfer. C'est tout un rêve, un rêve grotesque et fou. Rien n'existe que toi. Et tu n'es qu'une pensée, une pensée errante, une pensée inutile, une pensée orpheline qui erre, désespérée, à travers les éternités vides (1).

Et c'est bien un soulagement humoristique que Satan apporte à chaque conscience solitaire après le spectacle déchirant de l'ironie divine, car il détruit cette ironie en niant derrière elle l'existence d'une volonté même démente, même malveillante. L'humour du Dieu de Mark Twain est précisément qu'il n'existe pas.

Ce n'est pas l'absurde qui est invivable, c'est la pensée que l'absurde peut être voulu. En libérant la conscience de cette pensée, Satan la rend à elle-même. Et l'espèce de soulagement d'allégresse que cette liberté nouvelle apporte n'est pas sans parenté avec ce que nous appelions le « rire de l'âme » chez le converti :

Une influence subtile passa de son esprit au mien, apportant avec elle le sentiment vague, obscur, mais chargé de bénédiction et d'espoir, que les incroyables paroles étaient peut-être vraies... étaient même *certainement* vraies (2).

C'est pourquoi peut-être sera-t-il permis de risquer maintenant comme une sorte de définition : l'humour est un art d'exister.

(1) Mark Twain, The Mysterious Stranger (pub. posth., 1916), dans *The Portable Mark Twain* (The Viking Press, N. Y.), pp. 743-744.
(2) *Ibid.*, p. 741.

Conclusion

UN ART D'EXISTER

Un art d'exister n'est pas un art de vivre. L'humour n'est ni un dilettantisme, ni une technique du confort intellectuel. On le tue en lui demandant de jouer ce rôle, et les bourgeois anglais de la dernière génération en ont fait l'amère expérience.

Il y a beaucoup de niveaux d'existence. C'est pourquoi il y a tant d'humours divers qui se ressemblent si peu. Tous ne coïncident pas avec le rire, et Bergson a rendu un mauvais service aux définisseurs de l'humour en leur fournissant une analyse toute faite du rire. Tentés de commencer leur exploration de l'humour par le rire, ils ne pouvaient, tôt ou tard, que se trouver dans un cul-de-sac.

Ben Jonson, qui a donné un nom et une formulation à l'humour, l'a dans son œuvre marié avec le comique, mais ce ménage n'a pas toujours été heureux. Il n'avait, en tout cas, rien de fatal. Si l'humour fait si souvent rire, c'est simplement que son mécanisme dialectique est analogue à celui du rire, c'est qu'il crée volontiers la tension par son ironie et que — moins souvent d'ailleurs — son rebondissement amène la détente. Cette coïncidence est partielle et occasionnelle. Il arrive que l'humour coïncide avec des formes supérieures de la pensée dialectique et devienne une philosophie.

Il n'est même pas sûr que l'humour soit toujours dialectique. Au risque de mettre en doute le seul caractère de l'humour que nous ayons affirmé avec quelque assurance, reconnaissons que le mouvement de bascule n'est pas toujours parfaitement dessiné. Il serait outrecuidant de prétendre répertorier en quelque cent vingt-cinq pages toutes les manifestations d'un phénomène aussi complexe. On découvrirait sans doute, en cherchant bien, d'indiscutables humours que rien ne distingue de ce que nous avons appelé l'ironie, sinon une fugitive et indéfinissable nuance. On trouverait aussi des humours sans ironie. C'est là un domaine vague, où les frontières sont imprécises et où les mots sont trompeurs.

Il semble pourtant qu'au bout de cette étude il soit possible d'entrevoir une forme générale, un mouvement, une intention — ce que la langue anglaise appellerait un *pattern* (mot pour lequel, n'en déplaise aux puristes, il n'y a pas de traduction). C'est une volonté et en même temps un moyen de briser le cercle des automatismes que, mortellement maternelles, la vie en société et la vie tout court cristallisent autour de nous comme une protection et comme un linceul. L'homme sans humour vit de la vie des larves, sous leur enveloppe de soie, sûr d'un avenir sans durée, mi-conscient, inchangeable. L'humour fait éclater le cocon vers la vie, le progrès, le risque d'exister. Le plus souvent, il n'en sort qu'une mite inintéressante et vulgaire, mais parfois jaillit le papillon multicolore d'un rire pareil à celui des dieux, ou bien on devine dans l'ombre le déploiement mystérieux des ailes de quelque phalène couleur de nuit.

TABLE DES MATIÈRES

Imprimé en France
Imprimerie des Presses Universitaires de France
73, avenue Ronsard, 41100 Vendôme
Mars 1991 — N° 36 948